企业经营
十大财务思维

孟显仕 / 著

人民邮电出版社

北京

图书在版编目（ＣＩＰ）数据

企业经营十大财务思维 / 孟显仕著. -- 北京 ： 人
民邮电出版社，2023.9
　ISBN 978-7-115-62314-0

　Ⅰ．①企… Ⅱ．①孟… Ⅲ．①企业管理－财务管理－
研究 Ⅳ．①F275

中国国家版本馆CIP数据核字(2023)第135769号

◆ 　　著　　孟显仕
　　责任编辑　黄琳佳
　　责任印制　周昇亮

◆ 人民邮电出版社出版发行　　北京市丰台区成寿寺路 11 号
　　邮编 100164　　电子邮件 315@ptpress.com.cn
　　网址 https://www.ptpress.com.cn
　　涿州市京南印刷厂印刷

◆ 开本：700×1000　1/16
　　印张：15　　　　　　　　　　　　2023 年 9 月第 1 版
　　字数：180 千字　　　　　　　　　2023 年 9 月河北第 1 次印刷

定　价：79.80 元

读者服务热线：（010）81055522　印装质量热线：（010）81055316
反盗版热线：（010）81055315
广告经营许可证：京东市监广登字 20170147 号

作为一名财务领域的商业培训师，我时常会思考这样一个问题：对于企业管理者而言，最有价值的财务课程应该是什么样子的？

结合我多年的财务管理、审计、咨询及培训工作经验，根据培训内容及受众定位不同，我把财务领域课程大体分成三类。

第一类是关于财务专业技能的课程，比如会计准则理解、财报编制等。这类课程的特点是内容标准化程度高、针对性强，受众主要为企业中基层财务人员。培训方式则主要采用单向灌输式授课，学员基本处于被动接收状态。

第二类是关于财务管理方法或工具的课程，比如全面预算、内部控制等。这类课程的受众既可以包括财务人员，也可以包括非财务部门管理者，如销售、采购、研发、生产等关键业务部门管理者及骨干人员。这类课程的目的不是简单地提升学员专业技能，而是推进业财相互融合，提升企业运营管理水平。

但要注意的是，对于不同的行业、不同的企业以及企业的不同发展阶段，这些管理方法和工具的运用可能存在较大差别，不可一概而论。培训师如果没有对企业所处行业特点、业务模式、产品特性、市场及客户等重要方面的深刻洞察与理解，只是基于宽泛了解或仅在理论层面进行讲授，就很难从根本上帮助企业解决问题。

第三类是关于培养财务思维和经营意识的课程。所谓思维，可以理解为思考的维度，它不是指某项具体的专业知识或技能，而是指你看待事物和思考问题的方式或角度。同样，财务思维不只是让你掌握财务专业技术，而是启发你如何通过财务视角洞察企业经营，找到更多问题并做出合理的决策。

我们知道，企业管理者最重要的职责就是做决策，而做好决策最重要的能力，就是拥有多个思考问题的视角或维度。那些涉及企业战略发展方向，甚至关乎企业生死存亡的重大决策，更需要企业管理者和决策者从多个维度充分考虑，进行全面、明智的判断。

财务无疑是决策过程中不可或缺的重要考量维度。现实中数不胜数的案例表明，管理者如果忽视了财务维度的考量，很可能做出不合理甚至糟糕的决策，轻则让企业业务发展受到拖累，重则可能导致企业陷入经营困境甚至破产、倒闭。

对于企业而言，最大的成本不是材料或设备成本，也不是人工或研发成本，而是决策失误的成本！稻盛和夫曾说："不懂财务，就无法成为真正的经营者。"每个企业管理者都应该培养财务思维，学会用财务视角看经营，这样才可以帮助他们提升决策质量，更好地让企业远离风险。

***

为什么对（财务）思维的培养如此重要？我想结合这些年开展企业管理培训工作的经历，谈谈我自己的观点。

对于培训这件事，我发现很多人有一个误区，认为参加培训的目的就是一劳永逸地获得那个能包治百病、药到病除的"神奇处方"。他们经常问的问题是："能不能给我一套标准化的模板、工具、公式或表格，让我立刻就能解决企业遇到的问题？"

对于这样的问题，我总是哭笑不得，很无奈。事实上，这样的"灵丹妙药"不存在，原因在于：首先，每个企业在经营中遇到的每个问题都有其具体性和复杂性，靠一套标准化的"处方"根除问题的想法可谓不现实；其次，我们学到的任何技能、方法和工具，都需要结合具体情境灵活运用，否则就好比汽车已经开始普及，我们却还攥着那套驾驶马车的方法不放，这怎么能行？如果抱持着一种简单、天真的幻想，总是期盼着用别人的喂养替代自己的思考和努力，那么我们即便一时看似找到了捷径，到最后也很可能事与愿违。

相比之下，思维的提升不是简单地灌输知识，而是要点燃和启发心智；不是做"头痛医头，脚痛医脚"的表面文章，而是从内心拓展一个人的认知广度。诺贝尔文学奖获得者莫言曾说："教育的本质，是一棵树摇动另一棵树，一朵云推动另一朵云，一个灵魂唤醒另一个灵魂。"在学习这件事上，比获得知识更重要的是获得启发，是获得新的认知方式和思考维度。

***

关于财务思维，我还要再说几句。请原谅我无法满足你获得所谓"成功秘籍"的欲望。很多所谓"大师"会有意无意地向他人透露这样的信息，那就是只要你采纳了他们传授的某种技巧或方法，你就能取得成功。每次听到这样的言论，我都会汗颜——我从不敢向我的学员打包票，夸口只要掌握了什么秘籍就一定会成功。

让我们都诚实一点吧，我们其实不太清楚怎样做一定能成功，因为促成成功的要素实在太多了，以至于没有人——甚至包括成功者本人——知道究竟是什么带来了成功。那些对于成功之人和事的描述，是一个个看上去美好却难以复制的故事；对于成功结果看似一本正经的归因，很可能是光环效应下的一厢情愿。

相比之下，我更愿意告诉你的是，如果你在做事情时忽略了对某个关键维度的考虑，或者做了某件不该做的事，那么你大概率会失败。这就好比建造一栋摩天大楼，如果你没有将地基打得足够深、足够牢，那么你即使将大楼盖得再高、再快，它也可能瞬间崩塌！

财务思维是企业这栋大楼的地基，也许它不能确切地告诉你怎样才能获得成功，但它一定可以帮助你更好地识别并防范风险。我们说过企业最大的成本就是决策失误成本，而决策最重要的一步，就是防范风险。

***

再来说说我是谁，以及我为什么要写下这些文字。

我是一名注册会计师，毕业于对外经济贸易大学国际商学院，获得管理学硕士学位。毕业后，我加入业内知名的国际"四大"会计师事务所，帮助多家企业实现了在沪深两地及香港主板首次公开募股（IPO）上市。我还曾任职于国务院国有资产监督管理委员会（以下简称"国资委"）监事会，协助国资委开展对大型中央企业的经营督查工作。

后来，我在多家上市公司和集团企业担任财务及投融资高级管理职务。在这期间，我见证过一些企业发展壮大的辉煌历程，也亲历过一些企业陷入危机的艰难处境。这些企业并不必然是两类不同的企业，而完全可以是同一家企业在不同发展时期的境遇。我目睹了这些企业的管理者在面对复杂局面时是如何做出决策的，我发现，大部分决策过程及结果都可以通过财务视角解读。

再后来，我开始从事财务培训、顾问及咨询工作。这期间我接触了更多企业家及高管，在与他们的交流中我发现，他们当中的很多人并没有很好地掌握财务思维，有的甚至经营意识还相当薄弱。他们在经营企业过程中有过不少失误，给企业带来了诸多问题。而如果他们可以早一点学习财务思维，哪怕意识到应该从财务的角度多考虑一下，这些失误和问题便或许可以避免。

我写下这些文字的目的，就是想把我这么多年的实践经历和思想感悟分享给你，让你也能深刻认识到，掌握财务思维真的是每个企业管理者必须具备的重要能力。

你可能会说，我在企业里面只是个中层甚至基层，也没有什么决策权，那我还有必要了解这些吗？答案是肯定的。首先，即便你不是决策者，你也应当成为一个好的决策支持者。当领导者面对一项重大决策时，你能不能及时出现在他身边，为他提供充分、专业的决策支持，这无疑是你个人价值的极大体现。其次，谁说你会只做基层和中层？不妨用发展的眼光看问题，你的职业生涯一定会往上走，相信我的这些文字，能够帮助你为未来的职业发展铺路。

总之，我将介绍给你的内容，是我近二十年财务相关工作的心得精华。它们可以帮助你建立起更丰富的看待企业经营和分析思考问题的角度，让你对企业经营的本质有更深入的洞察与理解。相信在学习本书后，你会在决策时考虑得更加全面、行事更加明智，也会在商业之路上走得更稳健、更长远。

让我们一起出发吧！

目 录
contents

第 1 章

企业经营十大财务思维

资产质量思维：为什么不能只看资产规模

对于企业管理者而言，即使非财务专业出身，对于资产、负债、利润、现金流这些基本财务概念应该也耳熟能详。不过，不少人对于这些概念的理解角度较为单一，理解层次也比较粗浅，未能对它们进行多维度审视和深入分析。

比如，企业的资产真的越多越好吗？高负债一定意味着高风险吗？什么样的利润不值得羡慕？如何评价企业现金流状况是否健康？这些问题可以让我们对这些看似熟悉的财务概念进行更深入的思考，产生更丰富的认知，从而帮助我们更好地看清数字背后的业务真相。

本章，让我们先从资产和负债说起。

资产和负债的本质究竟是什么

资产和负债可以说是两个最基本的财务概念，大部分人也大概了解它们的含义。《企业会计准则》中对资产和负债的定义如下。

- 资产，是指企业过去的交易或者事项形成的、由企业拥有或者控制的、预期会给企业带来经济利益的资源。

- 负债，是指企业过去的交易或者事项形成的、预期会导致经济利益流出企业的现时义务。

这两个定义看起来比较复杂和专业，关键词是"资源"和"义务"。通俗地讲，资产是我们拥有的资源，负债就是我们背负的义务。比如你买了一套房子，这套房子就是你的资产，而如果你是贷款买的房子，那么房贷就是你的负债，这非常容易理解。

现在请你思考一个问题：你认为对于企业而言，资产和负债分别是多一点好，还是少一点好呢？

你可能觉得这个问题太简单了：既然资产是企业拥有的资源，那资产当然是多多益善；而负债是企业背负的义务，换句话说就是欠别人的，那当然是越少越好了。如果你这么认为，那么你并不孤单，这是一种非常朴素的想法。

但现在，我们尝试换个角度重新审视一下资产和负债的本质，看看对于上面这个问题，能不能产生不一样的认知，得出不一样的结论。

假如你今天要创办一家企业，你首先需要什么？对，要有启动资金。那么启动资金从哪里来呢？其实无非两个来源：一是你作为创业者、作为股东，需要自掏腰包出一部分钱；二是如果股东投入资金不够，企业就需要向外界借钱，而借钱就会形成企业的负债。因此，股东投入和负债的本质，其实就是资金的来源。

从更广泛的意义上讲，股东投入资金其实也是企业的一种负债，但是它并没有在资产负债表中体现为负债，而是列示为股东权益。之所以没有列示为负债，是因为股东投入不像普通意义上的负债那样，有类似固定利息率和到期日等约束性要求。

但我们知道，股东将资金投入企业是有回报预期的，而且由于股东的受益权（分红权）排在债权人之后，股东实际上承担了比债权人更高的风险，因此股东对于投资回报的预期，或者说股东投入的资金的成本实际上是更高的。换句话说，从股东将资金投入企业的那一刻起，企业就背负了一种使命，那就是为股东获取投资回报。从这个意义上说，股东投入资金是企业的一种"特别负债"。

现在我们已经理解了，负债的本质就是资金来源。那么资产的本质又是什么呢？

当你筹集到了足够的启动资金，下一步你就要开始开展经营，也就是开始花钱了。你开始建造厂房、购置设备、采购原材料……除了费用性支出，这些开支将会形成企业的一项项资产，如固定资产、存货等。也就是说，每一项资产实际上都代表了资金的一个去向，证明企业的钱花到哪里去了。

"去向"是一种中性说法，为了让你对资产的本质认识得更深刻，我更倾向于用"资金占用"来描述。事实上，企业的每一项资产，无论是应收账款、存货，还是固定资产、无形资产，都会形成对资金的占用。

而我们知道资金都是有成本的，无论资金是来自股东还是债权人。如果一家企业对资金占用过多，却未能实现相应规模的经济收益，那么这意味着企业的运营效率可能存在问题。设想有两家企业，它们实现了相同金额的收益，不同的是，第一家企业占用了大量资金，而第二家企业只占用了较少的资金。很显然我们可以说，后者的资金利用效率更高。

所以，从资金来源与占用的角度，我们就把负债和资产的本质看清楚了，它们无非是资金在两个不同维度上的表现：负债代表资金从哪来，也就是资金来源；资产代表资金花到哪去了，也就是资金占用，如图 1–1 所示。

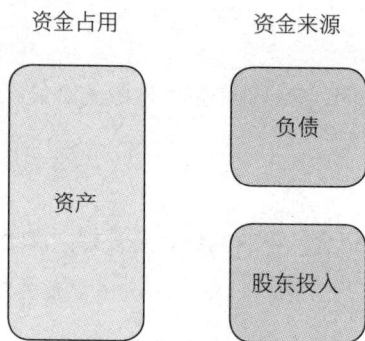

资金占用　　　资金来源

资产	负债
	股东投入

图 1–1　资产和负债的本质

回到前面的问题。很多人认为企业负债越少越好、资产越多越好，但既然负债是资金的来源，那你会认为企业的资金来源越少越好吗？同时，既然资产是资金的占用，那你会认为企业对资金的占用越多越好吗？答案显然都是否定的。你看，换了个角度，我们对于资产和负债的认知就有了一个明显的反转。

我们一直强调思维或视角的重要性。正如苏轼《题西林壁》所言："横看成岭侧成峰，远近高低各不同。"对于同一个事物，你从不同视角审视它，它向你呈现出来的样子也是不同的。对于像资产和负债这些我们看似已经很熟悉的概念，换个角度思考，又能得到不一样的理解。

> 负债的本质是资金来源，资产的本质是资金占用。在这个意义上，负债并非越少越好，资产也并非越多越好。

高负债一定意味着高风险吗

前面我们说了，企业的负债并非越少越好，可是要说负债越多越好，似乎也有问题。问题究竟出在哪里呢？难道过去我们经常听到的"高负债高风险"是错的吗？这里的关键是，我们必须区分两类不同性质的负债。

我们知道负债来自债权人，而实际上企业有两类不同的债权人：一类是像银行、信托等这样的金融机构，企业通过专门的融资行为向他们借入资金，这种由融资行为形成的负债被称为"金融性负债"。金融性负债由于存在固定的利息率、明确的到期日、需进行抵押担保等条款和要求，因此又被称为刚性负债。

还有一类债权人，他们是企业所在产业链的上下游合作方，企业在日常经营过程中因为与他们产生业务往来而形成负债，比如欠供应商的货款、预先收到客户的款项等。这类负债是企业在日常经营过程中自然产生的，因此被称为"经营性负债"。经营性负债不像金融性负债那样存在那么严苛的条款，也没有固定的利息率要求，在偿还时间和方式等方面更加灵活，因此又被称为柔性负债。

金融性负债和经营性负债的主要区别如表 1–1 所示。

表 1–1 从六个维度看金融性负债和经营性负债的主要区别

维度	金融性负债（刚性负债）	经营性负债（柔性负债）
来源	金融机构	产业链上下游
利息率	明确约定	一般没有利息
偿还时间	明确约定	灵活，协商余地大
担保措施	须提供担保	无须提供担保
偿还方式	现金	现金或产品
表现形式	银行借款、应付债券等	应付款、预收款等

区分开两类不同性质的负债后，我们就可以分析高负债与高风险之间的关系了。事实上，企业负债水平与财务风险的关系不能一概而论，关键要看企业的负债结构，也就是究竟哪类性质的负债比较多。

如果金融性负债较多，意味着企业有较大的刚性还款压力。当这些金融性负债到期时，一旦企业资金存量不足，导致未能按时足额还本付息，便会产生债务违约，这会极大影响企业的信用和再融资能力。因此，金融性负债过高确实意味着企业的财务风险较高。

如果企业的经营性负债如应付款、预收款较多，那么说明什么呢？应付款多，说明企业在与供应商的谈判中有较高的话语权，能够争取较为有利的结算条件；预收款多，则意味着企业的产品受到市场欢迎，客户愿意先付款给企业以锁定订单。无论是哪种情况，企业的运营资金压力都可以大大减轻，从而降低对股东投入和银行贷款的依赖，因此经营性负债高并不必然意味着更高的财务风险。

比如，我们国家目前对于商品房销售允许采用期房销售模式，因此房地产开发企业账面上往往会存在一定规模的预收账款，也就是商品房预售款。如果一家房地产企业账面有大量预收账款，恰恰说明这家企业的房子卖得好，这种形式的负债对企业来说是一件好事。而现实中那些出现债务危机的房地产企业，则主要由于其金融性负债水平过高或债务期限结构不合理。关于财务杠杆运用及其风险，我们在后面的章节会详细说。

所以，高负债究竟是否等同于高风险，这个问题我们不能简单给出答案，要具体分析负债的来源或性质。

根据这个逻辑，我们也不宜简单地采用资产负债率指标来衡量一家企业的财务风险。资产负债率反映的是一家企业的负债水平与资本结构情况，它是用负债总额除以资产总额得出的。

资产负债率 = 负债总额 ÷ 资产总额 × 100%

注意这里公式中用的是负债总额，并没有特意区分金融性负债和经营性负债。对于不同行业或不同发展阶段的企业，其负债规模及结构可能存在较大差异。

比如，银行和房地产企业的资产负债率普遍较高，而互联网企业和初创企业的资产负债率则较低。这既跟行业特性有关，也跟企业所处发展阶段及其融资模式有关。很显然，我们不能因为银行的资产负债率高于初创企业，就简单地说银行的财务风险高于初创企业。

总之，如果简单地将企业负债水平或资产负债率高低等同于财务风险高低，将很可能得出不客观的结论。

> 负债分为金融性负债和经营性负债。高负债并不必然意味着高风险，关键要看负债的性质和类型。

为什么资产质量比资产规模更重要

在现实中，我们经常听到一些企业家谈论自己企业的资产规模达到了多少，仿佛资产规模越大就意味着企业实力越强。然而，事实真的如此吗？

前面我们已经分析了，资产的本质就是对资金的占用。换句话说，企业资产规模越大，意味其对资金的占用越多。而如果企业对资产的利用效率不高，资产不能很好地给企业带来收益，或者资产流动性不足、变现能力较差，那么资产规模再大也没有意义，反而是对资源的一种浪费。

王总是一家中小企业老板。有一次，王总去参加一场企业推介会，轮到他上台介绍自己的企业时，他向在场的投资者自豪地说道："跟各位朋友汇报一下，我们企业的资产规模已经达到一亿元了！"说完，王总面带微笑环视台下，仿佛在等待投资者们赞许的目光。

这时，台下有一位投资者问道："王总，您能不能告诉我们，企业这一亿元资产的构成是什么样的呢？"

"当然可以。"王总拿出随身携带的报表，一边看一边慢悠悠念道，"我们企业的资产中，第一大项目是应收账款，金额为5000万元。"此时站在一旁的财务总监表情有些尴尬。"第二大项目，存货，3500万元。"王总继续不急不慢地说道，只见财务总监头上开始冒冷汗。

此时那位投资者又问道："好的王总，我们已经了解了贵公司85%的资产构成。您能不能告诉我们，企业账上还有多少现金呢？"还没等王总回答，财务总监赶紧抢过话头说："对不起，这属于企业机密，无可奉告。"

相信你已经看明白了，这位老板一味追求资产规模，却没有意识到，如果企业的大部分资产被应收账款和存货占据，其可收回性或变现能力往往存在较大的不确定性。上面描述的场景虽然是虚构的，但却是现实中很多企业的缩影。这些企业虽然资产规模不小，但仔细分析一下，就会发现存在不少问题。

对资产规模的迷恋是认知上的误区造成的。事实上，资产规模数字本身并没有太大意义。企业管理者如果缺乏基本的财务思维，不能透过数字看到背后的业务真相，就难以意识企业存在的问题，也无法真正改善企业经营管理水平。

与资产规模相比，真正值得管理者关注的是资产质量。管理者的一项重要职责，就是诊断企业的资产质量，并严格控制资产的潜在风险。很多时候，资产形成的过程也是风险积累的过程。

比如，如果企业应收账款规模过大，说明存在较多赊销行为。这种情形一方面会形成资金占压，导致企业无法及时回笼资金以应对各项开支；另一方面也可能隐含着较高的坏账风险，尤其对于那些账龄较长甚至已经逾期的款项，其可收回性存在隐忧。而一旦应收账款真的成为坏账，对企业的打击无疑是巨大的：设想如果发生100万元的坏账，在产品利润率为10%的情况下，企业需要额外实现1000万元的销售额才能弥补这个损失。

再比如，如果企业存货规模过大，可能说明产品销路不畅，形成了库存积压，或者原材料储备过多，还可能企业的产品生产周期过长。无论哪种情形，都会形成对企业资金的占压，而且存货本身还存在损毁、遗失、过期、贬值等风险。如果存货无法快速实现销售并被转化为现金，那么我们很难说这样的资产是高质量的。

再如，固定资产规模本身并不能说明问题，关键要看以下两点。

第一，固定资产的利用效率，也就是固定资产能否持续高效参与生产经营，并为企业带来可观效益。那些虽然被体现在账面上，却实际产能低下、利用率不足甚至闲置无用的资产，几乎难以发挥其应有的价值。

一位企业家曾向我讲述他的企业是如何被低效资产套牢的。他的企业在几年前投入大量资金购买土地、厂房及设备，准备开足马力生产一款在当时看起来很有市场的新型产品。但在一切就绪、即将投产时却发现，这款产品的市场消化能力远低于企业当初预估水平，导致这些土地、厂房和设备利用率和产能低下，部分资产甚至后来处于闲置状态。

这些资产难以给企业带来应有的经济效益，属于典型的低效资产。更令这位企业家难受的是，由于当初购置这些资产时使用了银行贷款，因此每年支付的贷款利息及到期需要偿还的本金也给企业带来了极大的资金压力。

这位企业家陷入了盲目扩大资产规模的误区，等到他发现资产无法被充分利用，同时又占用了大量资金时，他才意识到它们给自己带来的负担。以上是一个非常典型的反面案例。

第二，固定资产是否有转让价值。如果固定资产规模超过了企业实际经营需要，那么通过转让将这些资产变现也是可以考虑的。不过，一旦遇上经济不景气、社会整体投资节奏放缓的时期，这些资产要么找不到买家，要么买家出价很低，甚至远低于资产账面成本。这样的资产既无法充分参与企业生产经营，也难以通过转让变现或者变现价值很低，那么尽管它们在财务报表上体现的金额不小，其质量实际上也是比较低的。

总之，企业管理者不要过度迷恋资产规模，相比之下，资产质量才是真正值得关注的问题。拥有多少资产并不重要，我们关键要看资产能否给企业带来充分的经济效益，以及是否具备良好的流动性与变现能力，这就是资产质量思维。

> 资产规模本身并无太大意义。与其追求资产规模，
> 不如关注资产质量。

如何盘活企业中的低效资产

如果发现企业中存在低效资产，管理者当然不能坐视不管。如何将低效资产盘活，努力提高其获取经济效益的能力，是管理者必须思考的事情。盘活资产，是管理

者的重要工作职责之一。

在盘活资产这件事上，我坚持认为，企业财务人员的职责绝不能局限于把账和表做好、做对，他们必须参与盘活资产这项工作。财务人员应该积极主动识别企业中存在的低效资产，并帮助领导者思考和设计资产盘活方案，最大限度地提高资产效率和质量。

那么对于低效资产，该如何进行盘活呢？这需要结合企业具体情况及资产类型和性质进行有针对性的设计。我在这里抛砖引玉。

⊃ 应收账款

对于应收账款，如其尚未到期且距离收回时间尚久，企业可考虑采用质押或保理等方式进行融资以提前获取资金，代价是需要付出一定的融资成本；银行承兑汇票则可通过贴现等方式提前回笼资金。如果应收款已经逾期，则应当加紧催收力度；若经催收后仍没有明显效果的，则可考虑采取诉讼等方式以最大程度保障企业利益。

有一次，我遇到一位做建筑工程的企业家，他跟我说他现在很纠结：一方面，公司需要发展，因此需要不断接新项目；另一方面，客户付款常常不及时，导致他的企业应收账款居高不下，款项回收时间越来越长，企业的资金压力非常大。

我给这位企业家的建议是：首先，一定要确保公司资金链安全，不要过快扩张，接新订单时要争取更好的结算条款；其次，对于现有应收账款，如果下游客户资质较好，可以向金融机构进行应收账款质押担保融资，实现资金提前回笼。

应收账款质押融资是一种典型的资产盘活方式，可以将流动性较低的应收账款转变为流动性更好的现金资产，降低应收款对资金的占用，让企业的资产结构变得更合理。

➲ 存货

企业若出现存货积压，则需要根据积压原因采取相应盘活措施。如果产成品滞销，企业可采用打折促销、买赠优惠、拓展销售渠道等方式清理库存，在特殊情况下甚至可与交易方协商以物抵债。

如果半成品库存过大，则需具体分析是什么原因所致，究竟是客观条件使然还是有改善空间，如技术工艺落后导致生产效率过低、生产周期拉长，或者生产流程设计不合理造成各工序间衔接不流畅等。企业应在此基础上实施技术设备升级、生产流程优化等措施，不断提高生产精益化水平，降低半成品库存水平与周期。

如果原材料库存过多，且预计短期内不会大量用于产品生产，企业可与供应商协商退回或置换其他原材料，同时根据生产计划调整采购计划，使原材料库存水平逐步趋于合理。若原材料无法退回或置换，则可考虑直接出售变现。

➲ 固定资产

对于利用效率低下甚至闲置的固定资产，如机器设备、厂房车间、办公楼等，企业在条件允许的情况下可将它们对外出租以获取租金收益。如果固定资产预计不会再使用，也可考虑出售转让。

××体能训练中心是一家主要为幼儿及小学生提供体质提升训练的机构。该机构的营业特点是周末和节假日的学员较多、排课较满，但在周一到周五，由于白天孩子们要上学，因此下午四点之前的场地往往处于闲置状态。

为了提高场地利用效率，机构负责人想了一个办法：既然场地每天闲置时间较为固定，那么机构完全可以在这段时间针对其他客户群体开展其他类型的活动。该机构于是将目标锁定在了那些住在附近的全职妈妈这一群体，为她们开设瑜伽等健身类课程。

课程一经推出，便受到全职妈妈们的欢迎，而且由于无须承担额外场地租金，课程价格也非常合理。经过口口相传，课程班次越来越多，场地利用率也逐渐提高，为机构带来了可观的收益。

对于拥有较多基础设施资产的企业来说，如何尽量提高这些设施资产的运营效率，让资产带来更多效益，也是管理者应当积极思考的问题。

比如高速公路企业和城市地铁公司，它们在建设公路和地铁这些基础设施时投入了大量资金，企业也因此背负了较大债务压力。如果仅以提供交通运输服务来定位，这些企业的盈利来源似乎只有过路费和票款收入，这样企业的盈利难度会非常大，且不说运营成本，单单债务利息就是一笔非常大的开支，以至于企业不得不持续依赖政府补贴。

而如果这些企业的管理者能跳出既定的框架约束，想方设法拓展资产用途、提高资产利用效率，就能很好地缓解企业盈利压力。比如，高速公路企业可以在公路两旁设立广告牌来获取广告收入；也可以在服务区内设置更多休闲项目，让人们在服务区停留的时间更久；收费站及周边区域也可以通过提供更多服务产生更大价值。

地铁公司则完全可以利用地铁站厅宽敞的空间进行招商，满足乘客购物和娱乐等消费需求。我曾经在武汉、苏州等城市的地铁站内见到许多商铺，而且在那里购物的乘客也非常多，我本来是来坐地铁的，但感觉仿佛进入一个商场。

还有一次，我去南方一家国有企业调研，这家企业的资产规模不小，但盈利能力不高。经过了解，这家企业承接了当地政府划拨的一些老旧工厂，但这些工厂早已不再使用，处于闲置状态。我在跟企业负责人聊天时提出一个想法：能否考虑将工厂进行简单改造，打造成类似北京 798 这样的文化创意园区，这样一方面可通过招商为企业创造一定经济效益，另一方面也能让更多人走进这里，了解这片园区曾经的历史和文化，从而让这些资产具有经济和社会双重价值。

你看，只要愿意主动思考，你总能找到盘活资产并使其发挥更大价值的思路。尤其对于那些资产规模不小，盈利能力却不高的企业，盘活资产这项工作显得尤为重要。

总之，盘活资产的核心就是要让资产真正符合资产的定义，提高其获取收益的效率和带来现金的能力。股东和债权人将资金投入企业，是期望由这些资金形成的资产能充分发挥作用，带来可观的收益与回报，而不是将其作为报表上的一个摆设。

识别企业中的低效资产并盘活它们，
是企业管理者的重要工作职责。

如何识别含有"水分"的资产

在资产质量这个问题上，除了关注资产的运营效率和变现能力，我们还要警惕那些可能含有"水分"的资产。在对企业财务舞弊的研究中我们发现，虚增资产是企业财务舞弊的常用手法，尤其像预付账款、存货、在建工程、商誉等项目，都可能成为资产虚增的对象和财务舞弊的工具。

➲ 预付账款

预付账款是企业在采购业务中，因提前向供应商支付货款而形成的债权性项目。一般来说，考虑到资金周转和资金成本问题，企业不会提前很长时间预付大量货款，因此如果企业存在预付款金额较大且长期挂账的情形，很可能说明其中存在问题：一方面，可能是供应商因自身原因未能按时向企业供货，如果这种情况较为严重，那么预付款最终有可能变成企业的坏账；另一方面，也可能是企业打着预付款之名，对资金进行了不正当转移。

K 公司曾是一家以生物质发电和生物质制油为主要业务的上市公司。2017 年 5 月至 2018 年 3 月期间，K 公司以支付工程款之名，通过子公司向武汉某工程技术公司（下称"工程公司"）陆续支付了 5.88 亿元的预付款。

后经调查，K 公司与工程公司签订的关于"年产 20 万吨生物质合成油项目"工程承包合同，是为应付审计需要于 2018 年 4 月补签的。依据项目造价审计报告，截至 2018 年 3 月，项目实际完成工程量仅为 2660 万元，此后项目一直处于停工状态。根据调查，上述预付款资金最终流入 K 公司控股股东及其关联方账户。

➲ 在建工程

在建工程也是常见的被虚增的资产项目，虚增的手法包括工程实际投入远低于账面金额、工程建设期超出正常期限、在建工程企业迟迟不转入固定资产等。由于在建工程项目体量和投资额一般较大，因此更容易被操纵用于"特殊目的"，如企业通过工程款、劳务款、设备采购款等名义将资金套出或转移，同时导致在建工程账面成本虚增。

另外，有的在建工程实际已投入使用，但并未被及时转入固定资产，企业的目的一方面是避免计提资产折旧对利润业绩造成影响；另一方面也可能是让在建工程项目继续作为财务舞弊的渠道。此外，不合理的费用资本化、利息资本化等行为，也会导致在建工程被虚增。

Q公司是一家以固废及污水处理、环卫工程项目建设为主营业务的上市公司。根据公司年报，截至2020年年末，公司在建工程的账面金额高达127.26亿元，占总资产比重超过30%，在全部资产科目中金额及占比均为最高。

2020年Q公司出现巨亏，逐渐引起市场关注。2021年，有媒体记者曾实地考察公司位于河南、河北、湖北、湖南等地的项目，发现大量在建工程项目存在明显虚增现象：有的项目尚处于建设初期，账面成本却已达到2.86亿元；有的项目实际完成工程量极少且已停工，账面成本却高达4.65亿元，明显高于工程实际投入。

2021年8月，Q公司发布公告称，将于2021年半年报中计提资产减值损失34.43亿元，该金额将直接减少公司2021年上半年的利润总额。其中，Q公司对12个在建工程项目计提减值共约22亿元，部分项目甚至几乎被全额计提减值损失。

Q公司的上述行为存在明显的为业绩"大洗澡"意图，即将之前通过财务舞弊造成的资产虚增金额一次性核销，因此不排除Q公司有曾通过在建工程项目进行不正当资金转移和利益输送的嫌疑。

⊃ 商誉

商誉是一项比较特殊的资产项目。在企业并购过程中，如果企业支付的并购对价高于被并购企业的净资产公允价值，那么高出部分即被确认为商誉。之所以会出现这种情况，一般是因为收购方相信可以从被并购业务中获得超额收益，因此宁愿支付更高的价格。但这里我们至少需要警惕两个方面的问题：一方面，现实案例表明，大量并购行为最终并未带来企业预期的超额回报，支付过高的对价很可能是收购方过度自信的表现；另一方面，作为一种"采购"行为，并购也可能成为企业进行利益输送和资金转移的渠道。

H公司于2015年收购深圳某科技公司（以下简称"科技公司"）100%的股权，收购价格为2.6亿元。由于科技公司于收购时点的净资产公允价值仅为0.18亿元，因此H公司通过此次收购确认商誉高达2.42亿元。

为打消投资者顾虑，科技公司在被收购时做出业绩承诺，承诺自2016年至2019年四年期间，每年实现的净利润金额分别不低于2100万元、3000万元、4000万元及5200万元。四年承诺期结束时，科技公司的实际累计完成率为102.37%，基本压线完成。

但在接下来的2020年，也就是业绩承诺到期后的首个年份，科技公司业绩突然"变脸"，产生巨亏2.89亿元，亏损金额远超前四年的净利润总和。紧接着，科技公司被爆存在历史财务造假问题。

鉴于此，H 公司将收购科技公司带来的商誉全额计提了减值。2021 年，H 公司以 1 元价格转让了科技公司 100% 的股权。

总之，我们要意识到，许多资产项目都存在被虚增的可能，而这往往是为了满足某些特殊甚至不正当的目的。这也从另一个方面表明，简单地关注资产规模是远远不够的，资产质量才是决定一家企业能否健康发展的因素。

> 警惕那些含有"水分"的资产，
> 它们可能是财务舞弊带来的虚增的资产。

本章总结

第一，从资金来源与占用角度来说，负债的本质是资金来源，资产的本质是资金占用。从这个意义上来看，负债并非越少越好，资产也并非越多越好。

第二，企业的负债水平高低不能代表财务风险高低，关键要看负债的性质。负债分为金融性负债和经营性负债两大类。只有当企业的金融性负债过多时，才意味其有较高的财务风险。

第三，与其追求资产规模，不如关注资产质量。资产规模本身并无太大意义。如果资产不能给企业带来充分的经济效益，或者没有较好的流动性与变现能力，那么它便属于低效资产。

第四，盘活资产是企业管理者的重要工作职责。对于企业中存在的低效资产，管理者应想方设法提高其获取收益及变现能力，使其成为真正意义上的资产。

第五，要警惕那些含有"水分"的资产，利用资产项目粉饰业绩是财务舞弊的方式之一，将造成资产虚增，不能准确反映企业的真实财务状况。

思考题

你的企业中是否存在低效资产？如果有，你将用什么办法盘活它们？

第 2 章

利润质量思维：什么样的利润不值得羡慕

企业经营的终极目标，是为股东创造回报；而创造回报的基本前提，就是获取利润。一个无法获得利润的企业，就如同一个营养不良的人，身上的肌肉和脂肪变得越来越少，最终可能整个人垮掉。衡量一家企业盈利水平的最基本指标就是利润。

在第一章中我们说过，对于资产，我们不能只看资产规模，更要关注资产质量。同样地，在分析一家企业的利润情况时，我们也不能只看利润规模，更要关注利润质量。那么，我们可以从哪些方面分析和评价企业的利润质量呢？本章我们就来探讨这个问题。

如何识别不可持续的利润

你可能知道利润的基本计算方法：利润＝收入－成本－费用。但这其实是一个简化版的公式，是为了让我们对利润的基本计算逻辑有一个简单直观的了解。你是否想过，企业的每一分利润，都是通过收入、成本和费用这三类科目计算得出的？

如果你认真看一家企业的利润表，你会发现表中除了收入、成本和费用科目，还存在投资收益、公允价值变动损益、资产减值损失、营业外收支这类科目，它们不属于收入、成本和费用的范畴，却同样影响企业的净利润，有时这些科目对净利润的影响还不小。

Z 公司曾是一家深交所上市公司。根据年报披露，公司在 2014 年、2015 年两个年度的净利润均为负数，分别为 –1.73 亿元和 –1.07 亿元。当时证券交易所规定，上市公司如果连续两年出现净亏损，就会被实行退市风险警示（也就是常说的"*ST[①]"）；如果第三年（2016 年）还不能盈利，这家上市公司股票就存在暂停上市甚至退市的风险。

2016 年前三个季度，Z 公司的净利润依然为负，三个季度累计亏损约 9000 万元，全年盈利希望渺茫。

神奇的一幕出现在第四季度。年报显示，仅 2016 年第四季度，Z 公司就实现了 1.64 亿元的净利润，不但弥补了前三季度的亏损，还成功使得公司 2016 年全年净利润超过 7000 万元，实现了扭亏为盈。

看到这里，你有什么感受？如果你认为这家公司终于扭转了颓势，从此翻身，那你的结论就下得太早了。我们来进一步看看究竟发生了什么。

---

① ST 指 Special Treatment，即特别处理。*ST 股票表明该上市公司股票存在终止上市的风险，一旦股票退市，股民手中的股票就几乎没有价值，很难在市场上交易。ST 股一般为对出现财务异常或出现其他异常的上市公司进行的特殊处理，*ST 股是在 ST 股的基础上再进行一次特别处理的股票。

当我们查看公司 2016 年度利润表时，我们发现了一个值得留意的科目：投资收益。公司当年获得的投资收益金额高达 2.11 亿元，远超当年净利润金额。这意味着如果没有这 2.11 亿元的投资收益，公司当年净利润仍将为负数！而当我们进一步查看投资收益的来源，并结合上市公司公告了解投资收益事项的具体情况时，我们看到了事情的真相。

原来，Z 公司通过转让其持有的三亚一家酒店管理公司的 100% 股权及三栋别墅房产，实现了如此高金额的收益，而接盘方不是别人，正是公司当时的大股东。这笔总金额高达 6 亿元的资产转让交易，直接给公司带来超过 2 亿元的净收益，从而使公司实现全年利润转正。

原来如此！但这里有两个关键问题：第一，这类交易属于公司的主营业务吗？第二，以这种方式获取的收益，具备可持续性吗？

很显然，两个问题的答案都是否定的。首先，转让子公司股权及固定资产都属于非经常性业务，跟公司的主营业务毫无关系。其次，这类业务根本不具备可持续性，今年发生这项交易，但明年、后年是否还会继续发生，以及发生金额有多大，都存在极大不确定性。况且，如果公司出售的是核心资产，那么这样的行为必然影响公司长远发展。这就好比一个果农，平时靠卖苹果为生，可是今天他竟然把果树给卖掉了。为什么要这么做呢？因为他已经等不及苹果成熟了，他现在就要实现收益，这样的做法显然是不可持续的。

所以当我们看一家公司的利润时，不能只看利润数额本身，更要关注利润的构成或来源。如果你发现这家公司的利润大部分来自主营业务之外的其他业务,在利润表上体现为投资收益、营业外收支之类的科目金额较大时,你就应该提醒自己:这类交易或业务带来的收益,是不是根本不具备可持续性?

W 公司是一家以有机发光二极管(OLED)显示器件产品的研发、生产和销售为主业的公司。2018 年,公司通过借壳方式登陆 A 股资本市场。根据年报,2018—2020 年度,公司实现归属于上市公司股东的净利润分别为 0.35 亿元、0.64 亿元及 2.04 亿元。

但值得注意的是,上述三个年度期间,公司获得的政府补助金额分别高达 20.31 亿元、10.56 亿元及 11.44 亿元,均远超当年净利润金额。这说明若该三个年度 W 公司没有从政府获得补助,公司均将出现亏损。

2021 年,W 公司获得的政府补助金额骤降至 2.11 亿元,当年实现归属于上市公司股东的净利润为 –16.38 亿元,公司借壳上市以来首次出现亏损。更让人担心的是,若未来政府补助金额继续下降,同时公司无法快速扭转主营业务亏损的局面,那么公司的利润业绩将更为不乐观。

企业能够从政府获得补助,说明相关产业受到政府支持,政府意图帮助企业发展壮大。但要注意的是,政府补助力度跟政府产业政策、财政实力等因素密切相关,而这些因素都存在变化的可能,因此未来补助金额高低,甚至政府是否将继续提供补助等均存在不确定性。企业如果长期不能实现自我盈利,持续依赖政府补助,那么其未来发展前景很难令人放心。

除此之外，现实中还有企业通过诸如炒股、卖房产等行为获得收益，力图让企业当年的利润指标变得好看。现在我们知道了，这些通过"不务正业"取得的收益根本不具备可持续性，我们也不应被这样的暂时性收益所迷惑。在资本市场上，上市公司为"保壳"而通过非经常性损益实现扭亏的做法，也不再为证券监管部门所接受。

> 正如资产质量比资产规模重要，利润质量也比利润规模重要。

什么样的利润属于"纸上富贵"

如果说靠"不务正业"获取利润的情形不算太普遍，那么有一类情形则非常普遍，这种情形下的利润值得我们高度关注。这类情形在多数企业中都存在，只是程度有高有低。我称这类利润为"纸上富贵"。

我在给企业家和高管上课的时候，经常有学员提出类似这样的问题："我的公司今年实现的利润不少，可为什么公司资金还是这么紧张呢？"提出这样的问题，说明很多人将利润和现金流给等同起来了。事实上，利润和现金流是两个完全不同的概念。企业获得了利润，并不意味着获得了相应的现金流，此时我们就必须关注利润的变现能力问题。如果利润难以变成现金，那么这样的利润很难说是优质的。

什么样的行为会导致"有利润无现金"呢？我们来看两种典型情形。

你听说过"突击销售"吗？有的企业为了冲击全年销售业绩，往往在临近年末时向客户大量销售产品。乍一听貌似无可厚非，但问题是，他们采用的是赊销方式。正常来说，在控制好风险的前提下，赊销是可以的，因为赊销可以增加客户来源、扩大产品市场占有率，而且可能也是行业惯例。但如果企业为了急于完成销售业绩，大幅降低赊销门槛，比如放松对客户资质、商业信用、资金实力等方面的审查，给予客户过于宽松的销售政策，如超出合理水平的赊销额度和收款账期等，那么业绩的质量不会太高。

根据《企业会计准则》，企业对收入和成本费用的确认遵循"权责发生制"原则。所谓权责发生制，是指当一项业务对应的权利或责任实际发生时，企业就应当确认相应的收入或费用，而不必看是否有实际现金流入或流出。根据这个原则，只要销售行为已经完成，不论客户有没有付款，企业都可以确认销售收入实现。

但问题是，由于赊销收入在确认当时并没有对应的现金流入，因此必然会形成应收账款。对于因过度赊销形成的应收账款，最大的问题就是变现问题：一方面，过度赊销必然隐含着更高的坏账风险；另一方面，由于过度赊销的账期一般比较长，因此必然会造成对企业资金的占压。

A 公司计划与海外经销商 B 公司开展合作。当年 A 公司为了扩大海外市场份额，在没有对该经销商商业信用和资金实力进行严格审查的情况下，A 公司就对 B 公司大量发货，而且在前批货款未按约定时间及时到账的情况下，继续向其发货。

根据公司年报显示，截至 2003 年年末，A 公司累计应收 B 公司货款已达到 44.47 亿元。

2004 年，受到 B 公司自身经营不善、国际经济政策等因素影响，B 公司无法按时足额偿还上述货款。A 公司于 2004 年 12 月对应收 B 公司货款计提了高达 25.97 亿元的坏账准备。尽管 A 公司后来将对方诉至法庭，但发现越洋官司没有那么好打，最终未能挽回损失。这令 A 公司大伤元气，公司多年的利润积累也化为乌有，A 公司未来需要花费几年甚至更久的时间才能弥补损失。

另外，过度赊销还存在将来年业绩提前到今年实现，也就是寅吃卯粮的问题，这样必然给公司来年的销售带来更大压力。可以想象，企业在下一年很可能采取更大力度的赊销以完成业绩，也就是说，一旦开启了这个游戏，就很难停下来。如果将这种类似"走钢丝"的游戏玩得越来越大，企业最终必然面临巨大风险。

因此，为了防止过度赊销带来的风险，企业应当加强销售管理，在客户选择、赊销额度、收款账期等方面进行严格控制。另外，在对销售人员进行业绩考核时，也不应仅考核签约额、订单额、发货额等指标，更应该将回款情况纳入考核指标并赋予较高权重。

资产公允价值变动也会带来无对应现金流的利润。所谓资产公允价值，一般指这项资产的市场价值，该价值会随市场行情、资产未来产生收益的水平等因素的变化而变化。资产的公允价值是相对于其历史成本而言的，大部分资产项目在财务报表上体现的是历史成本，但会计准则允许企业对特定资产选择采用公允价值模式进行计量，如可随时买卖的股票、用于出租的投资性房地产等。

如果企业采用公允价值模式对一项资产进行计量，那么该资产公允价值变动带来的收益就会体现在企业当年利润表中。我们拿投资性房地产举例。如果企业持有一栋用于出租的物业，并采用公允价值模式对该物业价值进行计量，年末经过评估，该物业的公允价值在当年出现了增值，那么这部分增值就会影响当年利润，有时占利润额的比重还比较高。

但如果企业短期内并不打算将这栋物业出售，那么无论是物业的历史成本还是增值部分，都不会立刻转为真金白银的现金流入，因此公允价值变动收益仅仅是利润表上的一个数字而已。而且需要注意的是，对于投资性房地产而言，其公允价值的确定很可能带有较强的主观性。企业一般会聘请专门的评估机构对投资性房地产进行价值评估，但受到评估机构专业能力、采用的评估方法、委托方的预期等诸多因素影响，所评估出来的价值结果不一定能客观代表资产真正的市场交易价格。

另外，投资性房地产公允价值的增长很可能也不具备可持续性。受宏观环境、市场预期、产业政策及金融政策等诸多因素影响，投资性房地产的公允价值变动存在较大不确定性，有时还可能下跌。

因此，如果企业过度依赖资产公允价值变动带来的收益，那么这种收益的变现能力和可持续性是值得关注的。

总之，企业管理者要意识到，利润和现金流并不是一回事。如果企业一味追求账面利润指标的美观，忽视了相对应的现金流，那么很可能导致"有利润无现金"。这样的利润既不能用来发放工资和缴纳税金，也无法用来偿付利息和给股东分红，仅仅是账面上的一个数字罢了。

> 通过"不务正业"获得的不可持续的利润，不值得羡慕。

利润率上升一定是好事吗

很多人认为，如果企业的利润率指标出现了上升，那么要么是由于提高了营业收入，要么是降低了成本费用，无论怎样都是一件好事，因为这意味着企业盈利能力更强了。

正常情况下，这样理解没什么问题，但有一种特殊情形需要警惕。在这种情形下，利润率上升并不意味着盈利能力提高，相反恰恰可能是企业的经营策略出了问题。我们来看一个场景。

A 工厂是一家汽车制造工厂，主要财务数据如下。

• 固定资产（生产线）成本为 3000 万元，预计使用寿命 5 年，采用平均折旧法。

- 变动成本（人工成本、材料成本、能源成本等）为 15 万元 / 辆。
- 汽车售价为 25 万元 / 辆。

投产后第一年，A 工厂生产了 100 辆汽车，由于受到市场欢迎，当年全部产品销售一空。我们可以计算一下第一年的毛利率情况，如表 2-1 所示。可以看到，第一年的毛利率为 16%。

表 2-1　第一年毛利率计算（产量及销量均为 100 辆）

第一年	销售额（万元） a	变动成本 （万元） b	固定成本 （万元） c	毛利（万元） $d = a-b-c$	毛利率（%） $e = d/a$
	2500	1500	600	400	16

说明：固定成本为当年固定资产折旧 600 万元（3000 万元 ÷5 年）。

A 工厂看到第一年销售情况非常好，于是在第二年开足马力，将产量提高到了 200 辆。但出乎意料的是，第二年的销售状况并没有达到 A 工厂预期水平，虽然较第一年有所增长，但全年仅售出 120 辆。

根据这些数据，我们再来看一下第二年的毛利率情况，如表 2-2 所示。可以看到，第二年的毛利率上升到了 28%，较第一年出现了非常大的增长。对此，你是不是有些诧异？

表 2-2　第二年毛利率计算（产量 200 辆，销量 120 辆）

第二年	销售额（万元） a	变动成本 （万元） b	固定成本 （万元） c	毛利（万元） $d = a-b-c$	毛利率 （%） $e = d/a$
	3000	1800	360	840	28

这里需要说明一下，由于第二年生产的车辆并未全部售出，计入利润表的固定成本仅为售出部分车辆分摊的固定资产折旧，即 360 万元（600 万元 ÷200 辆 ×120辆），其余部分折旧则被计入资产负债表的库存产品成本中。

这里面的逻辑是，由于产量增加，当年固定资产折旧就被更多产品分摊，从而拉低了单位产品的固定成本，而由于我们计算利润时仅考虑已销售部分产品的成本，在产品售价不变的情况下，毛利率将会上升。

你发现了吗？这种毛利率的上升其实只是个数字游戏而已。在这个例子中，第二年很显然是比较糟糕的一年，过于乐观的市场预判导致了产品库存积压，也造成了资金占压。

我们不妨从经营性现金流角度再来对比一下两年的情况（不考虑赊销赊购问题），如表 2-3 所示。

表 2-3　两年经营性现金流情况对比

单位：万元

	现金回款 f	现金支出 g	净现金流 h = f-g
第一年	2500	1500	1000
第二年	3000	3000	0

可以清楚地看到，第一年的经营性净现金流为 1000 万元，第二年却为零。这才跟两年的实际经营状况相吻合。

因此，这种因会计核算规则带来的利润率数字上升并无意义。只有通过努力提高产品价值、有效控制成本费用等举措实现的利润率上升，才是企业真正的盈利水平提升的表现。

这个例子也再次提醒我们，不要只盯着利润或利润率指标，还要密切关注现金流状况。利润指标有时可能带来误导性结果，相比之下，现金流指标更能客观反映企业实际经营状况。关于现金流的内容，我们会在下一章详细阐述。

> 如果利润最终不能转化为现金，这样的利润便属于"纸上富贵"。

如何识别利润操纵行为

由于利润直接反映企业的盈利水平，因此财务报表使用者对利润指标一般较为关注。正因如此，企业对利润的操纵行为时有发生。事实上，前面我们分析过的通过非经常性交易、过度赊销等方式取得利润的行为，在一定程度上也属于利润操纵行为。因为以这些方式取得的利润要么不具有可持续性，要么变现能力较差，所以报表使用者如果不具备基本的财务知识和判断能力，将很容易被误导。

除此之外，企业还可能采取哪些利润操纵手法呢？我们来看两类常见的情形。

⊃ 费用资本化

企业经营过程中发生的每项开支，要么形成费用，要么形成资产。对于有些开支，通常情况下我们将其归为费用，但在满足一定条件下，会计准则允许将其部分或全部记入资产，也就是资本化。常见的费用资本化情形包括利息费用资本化、研发费用资本化等。

根据《企业会计准则》，企业因融资借款发生的利息支出，在满足一定条件下可计入相关资产成本。比如企业为建造一幢自用办公楼进行专项融资借款，那么在办公楼建造期间，该笔借款的利息支出可以计入在建工程成本。

但有的企业在不满足资本化条件的情况下，仍将利息支出进行资本化处理，其目的无非是避免利息支出对当期利润产生不利影响。

T 公司是一家上市房地产开发企业。自 2018 年起，受房地产行业调控、市场需求下滑及自身经营不善等因素影响，公司经营状况开始恶化，部分项目开发出现停滞。至 2020 年年末，因资金短缺问题持续加重，公司旗下项目已出现大面积停工。

正常情况下，房地产企业为项目建设发生的专项融资借款利息可以被计入项目开发成本，在项目交付之前体现在资产负债表中的存货科目中。根据《企业会计准则》，若项目出现暂停开发且暂停时间超过三个月的，借款利息应当停止资本化，应计入利润表中的财务费用。

根据 T 公司 2020 年度财务数据，公司当年共发生融资借款利息 99.13 亿元，其中资本化金额 83.88 亿元，费用化金额 15.25 亿元，资本化比例高达 84.6%。对于该结果，审计师称无法获取充分适当的证据以判断其合理性及准确性，因而出具了保留意见审计报告。

T 公司在大部分项目开发出现停滞，且停滞时间普遍超过三个月情况下，仍将大部分利息支出进行了资本化处理。在被审计师出具保留意见审计报告后不久，T 公司也收到了证券交易所的问询函。

研发费用资本化是 2006 年《企业会计准则》修订后允许采用的财务处理方式。在此之前，企业全部研发支出都应费用化处理，计入当期损益。尽管会计准则对于研发费用资本化有较为详细的规定，包括将研发活动划分为"研究"和"开发"两阶段，且只有开发阶段满足条件的支出才可以资本化，但现实中企业进行资本化处理时还是存在较强的主观性，有些企业通过研发费用资本化调节利润的意图较为明显。

R 公司是一家以药品研发及生产为主业的上市公司。2021 年 11 月，R 公司发布公告称，将对研发支出资本化时点的估计进行变更，即将经评估满足资本化条件的开发阶段支出计入开发支出，并在研发项目达到预定用途时将这笔金额确认为无形资产。

而在发布此次公告之前，R 公司对研发支出全部进行费用化处理。R 公司称，做出此次变更的背景是随着公司研发实力和经验的积累，研发支出归集及核算的可靠性提高，研发结果和商业化成果的不确定性降低。

通过查看公司 2018 年至 2021 年研发支出相关数据，可以发现 R 公司研发支出规模在不断扩大，分别为 26.70 亿元、38.96 亿元、49.89 亿元和 62.03 亿元，研发支出占营业收入的比重也不断上升，分别为 15.3%、16.7%、18.0% 和 23.9%。在此影响下，公司净利润率也逐年走低，分别为 23.3%、22.9%、22.7% 和 17.3%。

这样的数据结果让人难免不去猜测公司对研发支出资本化处理的意图，即想尽量降低研发支出对当期利润的影响。

当然，我们并不是不鼓励企业进行研发投入，相反，企业要想获得核心技术优势，实现长远发展，离不开研发投入支持下的持续创新。只是企业有时可能为了满足特定业绩指标要求，不得不从财务处理方式上想办法。尤其对于上市公司，一旦研发支出对当期利润影响过大，就可能会对公司的资本市场表现造成影响。公司发展要创新，而资本市场看业绩，不得不说，二者确实存在一定矛盾。

总体来说，费用资本化对企业财务报表的影响包括三方面：一是降低当期费用，从而增加当期利润；二是增加企业资产规模；三是可以优化现金流量表结构，比如将经营活动现金流出转化为投资活动现金流出，从而提高经营活动净现金流。三张报表可以同时得到美化，这也是费用资本化经常成为企业利润操纵手法的原因。

● 为业绩"大洗澡"

所谓为业绩"大洗澡"，是指企业在某个特定年份大量计提费用或损失，从而为未来年份"扫清障碍"。一般来说，企业倾向于少计费用和损失以提高利润业绩，但如果企业发现某个年份不可避免地要出现亏损时，很可能选择干脆"一亏到底"，将大量对利润造成不利影响的因素一次性提前确认在当年，以便来年可以轻装上阵。常见的计提费用或损失的做法包括计提大额资产减值准备、计提大额预计负债、提前确认费用等。

这种行为一般发生在企业管理层更替、上市公司想避免被"*ST"或被退市等情形下。你会发现这类企业的利润在相邻年份间会出现"过山车"式跳跃，即在有的年份亏损特别严重，来年又神奇地扭亏为盈。其实这不过是企业的一种数字游戏，并非其经营业绩真正提升的表现。

Y 公司原为一家深交所创业板上市公司。2020 年 1 月 18 日，Y 公司发布 2019 年度的业绩预告，称预计 2019 年度归属于上市公司股东的净利润为 6743.80 万 ~9634.00 万元。利润水平虽较上年有所降低，但毕竟还是正数。

但就在 2020 年 4 月 4 日，Y 公司又发布了修正后的 2019 年度业绩预告，将 2019 年度预计净利润更改为亏损 45 亿~55 亿元。两次业绩预告结果天差地别，市场一片哗然。

根据公告，之所以出现如此大额的亏损，主要是公司 2019 年度确认了较大金额因未决诉讼产生的预计负债，以及对存货、固定资产、在建工程和应收款项等资产计提大额减值准备所致。具体而言，公司确认的预计负债约为 21.76 亿元，计提存货跌价准备约 10 亿元，计提应收款坏账准备及损失 10.30 亿元，计提固定资产及在建工程减值准备约 8 亿元。

Y 公司最终披露的 2019 年度归属于上市公司股东的净利润为 –51.97 亿元。这种集中大额确认预计负债和计提资产减值准备的做法，存在较为明显的为公司业绩"大洗澡"和操纵利润意图。可惜的是，尽管如此，由于经营状况持续不佳，Y 公司未能在后续两个年度实现利润转正，最终公司股票于 2022 年 6 月 27 日被终止上市并摘牌。

总之，我们要意识到，利润并非一个绝对客观的指标，而是存在较大的被操纵空间，企业很可能为了满足特定业绩目标而对利润指标进行人为调节。尽管这些调节行为算不上性质更为恶劣的财务造假，但却也是对会计准则的不当利用，会给报表使用者造成一定程度的误导。报表使用者如果不具备一双"慧眼"，将很可能被这种数字表象所迷惑。

> 利润率上升不见得是好事，有时它不过是一种会计数字游戏。

利润容易被人为操纵，为此你不得不练就一双"慧眼"。

本章总结

第一，靠"不务正业"的非经常性交易取得的利润不具备可持续性，利润质量也并不高。企业要实现长期可持续发展，应当依赖于主业的良性发展和持续盈利。

第二，要警惕无对应现金流的利润。由于会计上对收入的确认遵循权责发生制，因此很可能出现确认收入和利润的同时并未相应取得现金流的情形。如果利润最终不能很好地变成现金，那么这样的利润便属于"纸上富贵"，其质量显然是比较低的。

第三，利润率上升不一定是由于提高业务收入或降低成本费用引起的，产品库存积压同样可以带来产品利润率的提升，但这种上升只是一种假象，是会计核算规则下的一种数字游戏而已。在这种情形下，现金流指标相对更能客观反映企业的真实经营状况。

第四，鉴于报表使用者对利润指标的重视，企业有可能对利润进行人为操纵。除了过度赊销、利用非经常性损益，常见的操纵手法包括费用资本化、为业绩"大洗澡"等。报表使用者必须练就"慧眼识财报"的能力。

思考题

当你看到别人通过炒股赚了钱时，你会羡慕吗？请你深入想一想，这种羡慕真的有必要吗？

第 3 章

企业经营十大财务思维

"现金为王"思维：什么是
企业倒闭的最直接原因

在前两章中,我们分别探讨了如何评价企业资产质量和利润质量。我们说过,如果一项资产的流动性较差,不能很好地带来现金,那么这样的资产就属于低效资产。同样,对利润而言,如果最终不能转化为现金,那么这样的利润就是"纸上富贵",属于低质量利润。

你可以看出来,无论是资产还是利润,评价其质量的重要尺度,就是看其是否能真正带来或转化为现金。如果不能带来或转化为现金,那么资产和利润再多意义也不大。一个没有现金流的企业,就如同一个失去了血液的人体,即使身材(资产)再高大,身上的肌肉(利润)再健硕,也支撑不了太久。

本章我们就来介绍,如何通过现金流结构分析企业经营状况,现金流对于企业生存发展的重要性,以及企业应该如何防范"黑天鹅"事件的冲击。

如何从现金流结构看企业经营状况

如果问你,企业的现金收入来自哪里,现金支出又去了哪里,你可能会说,现金收入当然是来自销售产品或提供服务，现金支出则主要用于采购原材料、支付工资及各类费用、缴纳税金等。这个说法也没错，但是并不全面，销售产品、采购材料、支付费用等都属于企业日常经营活动，而这些只是企业全部业务活动的一部分。

如果你看一家企业的现金流量表，可以看到企业的全部业务活动包括三大类，分别是经营活动、投资活动和融资活动。

- 经营活动是指企业在日常经营过程中发生的各项业务，包括研发、采购、生产、销售、内部管理等。

- 投资活动指企业进行固定资产、无形资产等长期资产的建设、购置及处置等行为，也包括企业进行股权并购、金融理财等活动。

- 融资活动是指企业从股东和债权人融入资金的行为，包括借入有息债务、吸收股东投资、偿还借款本息、向股东分红等。

三类业务活动都可以给企业带来相应的现金流入或流出，每类活动实现的净现金流加在一起，就是企业在特定期间内的整体现金净变动。如果打个形象的比方，经营活动净现金流体现的是企业的"造血"能力，投资活动净现金流体现企业的"耗血"能力，融资活动净现金流则体现外部资金对企业的"输血"能力。

那么如何通过现金流量表解读一家企业的经营状况呢？在我看来，有两个指标值得重点关注：一个是经营活动净现金流，另一个是自由现金流。

经营活动净现金流是企业经营活动现金流入和流出之差。一般而言，一家企业处于良性发展的最基本标志，就是其经营活动净现金流为正，因为这意味着企业日常业务运营带来的现金流入可以很好地覆盖现金支出，这种正向净现金流又可以反过来保障企业的正常运营，形成良性循环。相反，如果一家企业的经营活动净现金流长期为负，意味着企业通过日常业务获取现金的能力存在问题，甚至可能说明其商业模式不可持续。

不过，即使一家企业的经营活动净现金流为正，也不代表这家企业一定不缺钱。如果企业为了维持或扩大经营规模，在固定资产如土地、厂房、生产线等方面投入较大，或者有较大规模的投资并购等行为，就会导致较大金额的投资活动现金流出，因此企业仍然可能出现资金不足的问题。

设想一家企业当年实现了 1000 万元的经营活动净现金流，但随着生产线上的几台主要设备老化，企业生产效率已经受到明显影响。为提高生产效率、确保业务正常开展，企业决定购置几台新型设备，总价值在 1500 万元左右。在这种情况下，企业虽然当年经营活动净现金流为正，但很显然，我们不能得出这家企业不缺钱的结论。

要衡量一家企业是否缺钱，自由现金流是一个有用的参考指标。顾名思义，自由现金流就是企业可以自由运用的现金流。它是在经营活动净现金流基础上，扣除为维持必要生产条件或扩大生产规模而必须投入的资本性开支后，所得到的净现金流结果。

自由现金流＝ 经营活动净现金流－为维持必要生产条件或
扩大经营规模而耗费的资本性开支

自由现金流反映企业通过经营活动和投资活动实际贡献或消耗现金流的水平，它决定了企业是否需要从外部获得融资以支撑业务发展：自由现金流为正的企业，本身就可以贡献多余的现金，因此基本不需要从外部进行融资；而自由现金流为负的企业，往往需要获得外部融资支持。

在融资活动层面，企业的融资渠道看似多种多样，其实无非就是两大类：一类是债务融资，另一类是股权融资。注意这里说的债务融资，指的是企业通过专门的融资行为获得的金融性负债，不包括应付款、预收款等经营性负债。

债务融资和股权融资的区别在于企业对投资人的回报方式不同：债务融资有固定的利息率和到期日等要求，因此企业须按约定支付债务利息、偿还债务本金；股权融资没有固定的利息率和到期日要求，股东通过获得分红、股份转让等方式获取收益。

另外，对于处于不同发展阶段的企业，三类业务活动现金流的分布规律可能也是不同的。

- 初创期企业：处于"婴幼儿期"，企业获取业务收入的能力较弱，而产品研发等开支相对较多，同时企业还存在购置资产和扩大业务规模等需求，因此经营活动和投资活动净现金流一般均为负数，企业发展所需资金主要来自融资活动。

- 成长期企业：处于"青少年期"，随着业务逐渐转入良性发展，企业的经营活动净现金流也逐渐转正；同时由于生产规模持续扩大，购置固定资产等行为使得投资活动出现较大现金流出，因此企业的自由现金流仍可能出现负数，企业依然需要从外部融资。

- 成熟期企业：处于"中壮年期"，业务发展正值巅峰，经营活动净现金流一般为正；如果企业没有大规模扩张和资产购置计划，不会出现大额投资活动现金流出；自由现金流开始转正，企业基本不需要依赖外部融资，还可以向股东分红。

- 衰退期企业：处于"老年期"，业务开始走下坡路，经营活动净现金流开始减少，甚至可能出现负数；企业不再扩大生产规模，投资活动净现金流还可能因资产处置等行为出现正数；融资活动方面基本以归还债务为主，因此净现金流一般为负。

不同发展阶段企业的现金流分布一般特征如表 3-1 所示。当然，这些只是一般性规律，我们具体还是要结合行业和企业实际情况进行分析。

对企业管理者而言，首要任务就是努力使企业经营活动净现金流为正，这是企业健康良性发展的主要标志，也是投资者最愿意看到的情形。如果企业想进一步实现自由现金流为正，降低对外部融资的依赖，那么除了提高经营活动净现金流水平，企业还应控制投资规模及节奏，降低资本性支出对现金流的消耗。

表 3-1 不同发展阶段企业的现金流分布一般特征

项目	初创期	成长期	成熟期	衰退期
经营活动净现金流	−	+/−	+	−
投资活动净现金流	−	−	+/−	+
融资活动净现金流	+	+	+/−	−

> 一个没有现金流的企业，就如同一个失去了血液的人体，即使这个人身材再高大，肌肉再健硕也支撑不了太久。

什么是企业生存最重要的资源保障 [1]

现金流被称为企业的"血"，足以看出现金流对于企业生存发展的重要作用。现实中，我们经常看到一些企业陷入困境甚至破产倒闭的案例，尤其当遭遇社会性黑天鹅事件时，这样的案例数量就会更多。那么你是否思考过，导致企业破产倒闭的最直接原因是什么呢？

---

[1] 本节涉及股票交易部分内容均为基于发生时的客观情况进行的分析，仅用于举例并代表作者个人意见，不构成任何投资建议。——编者注

事实上，企业破产倒闭跟利润没有必然联系，很多企业在倒闭前甚至利润并不低。虽然企业倒闭的底层原因可能各不相同，但直接原因大致是一样的，那就是资金链断裂，或者说现金流枯竭。换句话说，企业倒闭不是因为没有利润，而是因为没有现金了。你可以感受到，现金流对于一家企业的生存而言究竟意味着什么。

像大规模疫情、金融危机、极端气候这样难以预测又具有重大破坏性影响的事件，我们称之为黑天鹅事件。一旦遭遇黑天鹅事件，企业的正常经营和获取收入的能力将受到重创，企业陷入经营困境甚至破产倒闭的可能性会增强。黑天鹅事件好像并不经常发生，但最近这些年，我们发现黑天鹅事件在逐渐增加，不一定什么时候就可能发生一场将为我们的社会和经济带来巨大影响的事件。

当地时间 2023 年 3 月 10 日，美国硅谷飞出一只"黑天鹅"，美国硅谷银行突然爆雷，并宣布破产倒闭。这家拥有 40 年历史，资产规模达到 2000 亿美元，曾支持几万家创业公司走上成功之路的金融机构，为何突然倒地？

实际上，在 2022 年期间，美联储持续加息以抑制通货膨胀压力，导致硅谷银行持有的大量债券资产价格明显下跌，加上硅谷银行宣布将发售新股以支撑其财务状况，这些现象引发了市场担忧，导致出现客户大额取款现象。为了应对取现压力，硅谷银行不得不低价抛售债券，而这又给它带来了高额损失。

加息导致资产价值下跌，引发市场担忧和储户取款，银行抛售资产变现，高额损失印证并加重市场担忧情绪，终而导致挤兑……这就是硅谷银行破产倒闭的因果链条。究其根本原因，就是硅谷银行将过量资金投入长期资产，导致资金流动性不足，紧绷的资金链一旦遇上风吹草动，便极易产生连锁反应，带来严重后果。

在这种充满不确定性的大背景下，现金储备可谓是企业生存最重要的资源保障。我坚持认为，无论何时，企业都应当保持一定水平的"冗余"，也就是有一定的现金储备。也许有人会说，现金是企业所有资产中收益率最低的资产。但别忘了，现金同时也是所有资产中流动性最好的资产，你不能为了追求收益最大化而不保留必要的现金，理由一个就足够：现金可以救命。

设想一下，如果你的企业突然遭遇一场意外事件，导致所有业务被迫停滞，企业暂时失去了获取现金收入的能力，此时你会发现有些现金开支是"刚性"的。所谓刚性，是指无论企业是否有现金收入，这些支出都要发生，比如员工基本工资、社保、租金、借款利息等。在这种情况下，企业如果没有一定的现金储备，那么资金链将很快垮掉，即便意外事件在几个月后就会消失，企业也等不到那一天。实际上，保留充分的现金储备，就是保留让企业时刻东山再起的机会。

其实这个道理不只适用于企业，对于我们的家庭而言也是如此，你必须为家庭保持一定的现金储备。设想如果你不满足于把钱存到银行，而把家里所有储蓄都拿去投资，比如投资房地产和股票等，那会怎么样？结果就是一旦你急需一笔钱时，你会立刻发现自己已陷入窘境。

这种行为之所以不理智，本质在于你为了追求收益率而忽略了流动性。拿投资房地产举例。首先，一旦市场低迷，客户购买意愿将降低，就有可能出现"有价无市"情况，你会发现很难在短时间内找到买家；其次，房地产交易涉及烦琐的流程手续，交易需要一定的时间周期，很可能难以满足你的紧急资金需求。

再说投资股票。你可能说，股票的流动性比房地产强，大不了我"割肉"卖掉！但我仍然要提醒你，不要过于乐观：一方面，即使你决心割肉卖掉，一旦你投资的股票遇上跌停板，大家都忙着出逃，你很难在短时间内跑掉；另一方面，股票也是可以停牌的，一旦停牌就无法交易变现，至于什么时候复牌根本不是你能控制的。比如有的股票停牌时间长达半年甚至更久，那么在这期间你是无法卖掉股票的。

重申一遍，我不是说你不能去投资，而是不能把全部现金都拿去投资，也就是不要"把子弹全部打光"。无论企业还是家庭，务必要保留一定的现金储备，以备不时之需。

那么对于企业而言，应该保留多少现金储备呢？保留过多的现金确实会影响企业整体资产收益性，但现金太少又保证不了流动性和安全性。那这里有没有一个标准化的模型或公式，让我们把企业相关参数输入进去，就能得出企业的最佳现金储备规模呢？

在我看来，很可能是没有的。因为现金储备规模与许多因素有关，包括企业所有制性质、所处行业、宏观经济与政治环境、金融政策等。由于影响因素众多，且大多数因素处于持续变化状态，企业也应审时度势，根据自身条件和外部环境变化动态加以灵活控制。

尽管如此，如果一定要让我给出一个量化建议的话，我的建议是现金储备量至少不能低于企业三个月的刚性开支，保险起见最好不低于六个月。这里面的道理是，一旦企业遇上某个黑天鹅事件，导致无法正常经营和获取收入，那么企业至少可以应付三个月；而如果企业撑不过三个月就资金枯竭，那真的太脆弱了。

需要提醒的是，现金储备跟资产负债表中的货币资金不完全是一回事。这里要注意的是资金受限问题。我们说的现金储备，仅指那些可以随时动用的资金，而很多时候企业并非对全部资金都可以自由支配。如果资金使用存在限制，如专款专用资金、保证金、共管资金等，那么企业就无法随意动用这些资金。

2021年2月2日，上市公司华夏幸福基业股份有限公司（以下简称华夏幸福）突然发布公告，称发生债务偿还逾期事项，涉及债务金额52亿元，引起市场震惊。根据公告内容，截至2021年1月底，公司账面货币资金余额为236亿元，远高于到期债务金额。既然如此，为什么还会发生债务违约呢？

原来，公司全部货币资金中，可动用资金仅为8亿元，其余228亿元则为各类受限资金，无法用于偿还到期债务。受限资金中，合作项目资金为78亿元，公司无法单方面使用；自有项目受限资金为73亿元，主要包括按揭保证金、预售监管资金、工程保证金等；另外还包括政府专项监管资金28亿元、园区开发专项资金15亿元、海外受限资金17亿元等。

这个案例让我们意识到，有时仅看货币资金规模是不够的，企业还要关注资金是否存在受限问题。尤其对于有息负债较多的企业，要时刻关注债务到期情况以及可用于偿还债务的资金情况。

总之，管理者应时刻关注企业现金流状况，时刻保留一定水平的可自由支配的现金储备，以增强企业对抗意外事件的能力。

> 检验一个企业是否正处于良性发展，一个基本方法就是看
> 它的经营活动净现金流是否为正。

如何评价企业的现金流健康状况

现金流风险可以说是企业最大的财务风险来源。那么我们可以从哪些方面评价一家企业的现金流健康状况呢？下面我们将分别从企业层面和项目层面，介绍几个常用的现金流状况评价指标。

在企业层面，常用现金流健康状况评价指标包括：营业收入现金比率、货币资金短债比率、现金储备抗压指数、利息保障倍数等。

● 营业收入现金比率

营业收入现金比率是营业利润率的替代指标。营业利润率是营业利润与营业收入的比值，但我们知道，营业利润的取得有时并没有相对应的现金流，因此用经营活动净现金流取代营业利润，可以更综合性地反映出企业获取利润和获得现金的

能力。

营业收入现金比率 = 经营活动净现金流 ÷ 营业收入

国资委自 2023 年起，将营业收入现金比率纳入中央企业经营指标体系，替代了往年的营业利润率指标。根据国资委相关解读，这项改变可以更好地体现国资委"要有利润的收入和要有现金的利润"这一监管要求，有利于推动中央企业在关注账面利润基础上，更加关注现金流安全，全面提高企业经营业绩的"含金量"，实现高质量发展。

⮑ 货币资金短债比率

货币资金短债比率是货币资金余额对一年内到期债务的比值，反映企业使用货币资金偿还短期债务的能力。如果该比值过低，说明货币资金余额相对于短期债务金额较低，意味着企业存在较高的偿债风险。

货币资金短债比率 = 货币资金余额 ÷ 一年内到期债务

⮑ 现金储备抗压指数

现金储备抗压指数是企业现金储备对每月刚性开支的比值，反映当企业因特殊事件导致暂时无法获得现金收入时，当下现金储备可以维持企业正常运营的月数。该指标如果低于3，意味着企业现金储备甚至无法支撑其三个月的刚性开支，这样的情况是相当危险的。

现金储备抗压指数 ＝ 现金储备 ÷ 每月刚性开支

➲ 利息保障倍数

利息保障倍数是企业在一定时期内（如一年）产生的经营活动净现金流对利息支出的比值，反映企业运用经营性净现金流支付借款利息的能力。一般而言，该指标如果低于1，说明企业通过经营活动获取现金的能力较弱，存在不能按时、足额付息的风险。

利息保障倍数 ＝ 经营活动净现金流 ÷ 利息支出

有些财务类书籍在介绍该指标时，用息税前利润作为分子，但我更倾向于使用经营活动净现金流，原因是息税前利润仍然是利润的一种表现形式，因此可能"有利润无现金"，而企业只能使用现金支付借款利息。

在项目层面，常用的现金流风险评价指标包括投资回收期、投入资金峰值等。

➲ 投资回收期

投资回收期反映的是项目累计获得的现金流入覆盖累计发生的现金流出所须花费的时间，因此也称"项目累计净现金流转正时间"。尽管项目投资需要关注投资回报率等收益性指标，但投资回收期依然是企业管理者需要重视的指标，因为它可以反映企业收回投资本金的效率。

当项目投资涉及外部融资时，投资回收期指标就显得更为重要，它可以帮助企业寻找适当期限的融资来源，避免出现"短贷长投"类问题。关于短贷长投，我们在后面介绍财务杠杆的时候还会详细分析。

某企业投资建设了一条新生产线项目，投建期和运营期各年现金流情况如表 3-2 所示。

表 3-2　生产线项目投建期和运营期各年现金流情况

单位：万元

	第一年	第二年	第三年	第四年
初始投入	−6000			
现金流入		2500	4000	6200
现金流出		−1000	−1500	−2200
当年净现金流	−6000	1500	2500	4000
累计净现金流	−6000	−4500	−2000	2000

可以看出，项目在第四年期间实现了累计净现金流转正。简单起见，假设年内各

月现金流均匀分布,那么我们可以大体得出该项目的投资回收期为 3 年零 6 个月。

⊃ 投入资金峰值

投入资金峰值是指在项目投资过程中,最高需投入资金的金额,也就是项目资金需求最大水平。资金峰值指标可以让我们对项目的"胃口"有一个清晰的认识。有的项目投资回报水平较为可观,但所需投入的资金峰值远超企业正常实力,企业可能需要采用高杠杆才能满足项目资金需求。

对于投入资金峰值较高的项目,企业应当格外谨慎:一方面,高额投入对企业资金实力及融资能力提出挑战,企业能否顺利获得资金存在不确定性;另一方面,若采用高杠杆,则项目运营风险必然加大,一旦项目收益水平未达预期,将为企业带来较大的偿债压力与风险。

除了关注投入资金峰值金额,企业还要关注资金峰值出现的时点,以便安排相应的资金计划。有的项目资金峰值时点出现较早,比如在项目启动一年甚至半年内就会出现,那么企业就需要提前准备好资金,需要外部融资的还要尽早启动融资安排,以免影响项目进度。

总之,企业在项目投资时要密切关注现金流情况。无论是投资资金需求过大,还是投资回收期过长,都会给项目投资与运营带来较大压力与风险。

> 企业破产倒闭跟利润没有必然联系，其最直接原因为资金链断裂，或者说现金流枯竭。

利润和现金流，哪个更重要

在第 2 章中我们说过，利润和现金流是两个不同的概念，企业取得了利润不等于同时获得了现金流，而且利润有时还存在人为操纵的可能。因此，只看利润表无法满足报表使用者客观全面了解企业经营成果的需求，现金流量表正是为了弥补利润表的不足而出现的。

虽然利润表和现金流量表都反映企业在一定期间的经营成果，但二者的反映角度不同，也遵循不同的编制基础。利润表的编制基于权责发生制，即只要一项业务对应的权利或责任已发生，企业就可以确认收入实现或费用发生，不管是否有相应现金流入或流出。现金流量表的编制则基于现金收付制（也称收付实现制），一笔业务只有产生了真正的现金收支，才在现金流量表中反映出来。

除了前面我们说过的赊销、费用资本化等情形，造成利润和现金流出现差异的情形还有很多。比如，企业用现金购买一项固定资产，在现金流量表中体现为一次性现金流出，但对利润表的影响并非一次性计入损益，而是通过计提资产折旧的方式，在资产使用年限内逐步体现在各年的利润表中；再比如，企业对一项资产计提减值准备，这会减少当年净利润，但对现金流没有任何影响。

鉴于此，现金流指标是对利润指标的必要补充。事实上，现金流指标比利润指标更能客观反映企业经营健康程度。一家企业可以暂时没有利润，但无时无刻不能没有现金流，因为一旦没有了现金流，企业会很快陷入经营困境。

结合本章和第2章的内容，我们用几句话来概括一下利润和现金流的特性，以及它们之间的关系。

- 利润体现你的"面子"好不好看，现金流决定你的"日子"好不好过。

偿还债务、发放工资、支付费用、缴纳税金……这些业务都只能使用现金来完成，而无法使用利润。一家企业账面利润再高，如果没有良好的现金流和充足的现金储备，也会给经营带来巨大压力。如果企业一味追求利润指标好看，却不顾现金流是否健康，不正是"死要面子活受罪"吗？

- 利润是一张"大饼"，现金流决定了你能不能吃到它。

画饼容易，真正吃到饼却并非易事。很多企业都做过三年、五年甚至更长时间的规划，但真正实现起来却往往存在很大不确定性。设立一个看似宏大的纸面目标不是什么难事，难的是如何一步步脚踏实地接近并最终达成目标。在这个过程中，只要有一个环节的现金流出现问题，那么企业大概只能望洋兴叹了。

· **利润是可以人为调节的，现金流是实实在在的。**

我们这里说的"人为调节"不是指做假账，而是说会计准则给了企业一定程度的利润调节空间。像固定资产折旧、费用资本化、计提资产减值准备、公允价值变动等事项，很大程度上都存在主观估计成分，从而给企业带来较为主观的利润结果。相比之下，现金流是一个更为客观的指标，企业在一定期间内有多少现金流入及流出，期末有多少现金结余，这些都是实实在在的数据。

· **利润关乎企业发展得好不好，现金流决定企业能不能活下去。**

企业发展得好固然重要，但生存永远是第一要务。没有现金流，企业连生存都成了问题，还谈何发展？如果把利润比作食物，那么现金就是水、就是空气——一个人不吃饭仍然可以活上十天八天，但如果不喝水就只能活两三天，而如果不呼吸，那么可能坚持不了几分钟。

当然，我们不是说利润完全不重要。利润如同食物，一个人长期不吃饭也是不现实的。尽管企业可以短期没有利润，但如果长期不能取得利润，也难以实现可持续发展。那么对于利润和现金流，我们的终极目标是什么呢？

我的答案是：既要有现金流的利润，又要有利润的现金流。我们说过，没有现金流的利润不是高质量的利润；同样，不考虑利润的现金流也不是可持续的现金流。如果你的产品或业务从长期看无法盈利，那么即使当下你的现金流看起来不错，到最后也可能以亏损收场。长期来看，利润和现金流殊途同归，它们是保障企业生存和持续发展的左膀右臂。

> 无论企业还是家庭，都应该时刻保持一定的"冗余"，
> 也就是有一定的现金储备。
>
> 别只看资产，要看有收入的资产；别只看收入，
> 要看有利润的收入；别只看利润，要看有现金的利润。

本章总结

第一，企业全部业务活动包括三大类：经营活动、投资活动和融资活动，每一类业务活动都会带来相应的现金流入或流出。处于不同发展阶段的企业，三类业务活动的现金流分布规律往往也存在差异。

第二，企业良性发展的最基本标志，就是经营活动净现金流为正。不过，经营活动净现金流为正不代表企业一定不缺钱。自由现金流是在经营活动净现金流基础上，扣除企业为维持必要生产条件或扩大生产规模而发生的资本性支出后，得到的现金流净额。自由现金流为负的企业，需要外部融资以支持其业务发展。

第三，企业破产倒闭的最直接原因就是资金链断裂。企业可以短期没有利润，但

一刻都不能没有现金流。为了应对随时可能出现的黑天鹅事件，企业应当时刻保留一定的现金储备。现金储备量应不低于企业三个月的刚性开支。

第四，在企业层面，评价现金流健康状况的常用指标包括营业收入现金比率、货币资金短债比率、现金储备抗压指数、利息保障倍数等；在项目层面，评价项目现金流风险的常用指标包括投资回收期、投入资金峰值等。

第五，没有现金流的利润不是高质量的利润，不考虑利润的现金流也不是可持续的现金流。我们既要有现金流的利润，又要有利润的现金流。利润和现金流是保障企业生存和持续发展的左膀右臂。

到现在为止，资产、负债、利润、现金流这些基本财务概念，我们已经大致认识了，希望你对这些概念可以有更深刻的认知和理解。

思考题

你的企业是否留有充足的现金储备，如果再次遭遇像大规模疫情这样的黑天鹅事件，你的企业能坚持多久？

第 4 章

投资回报思维：如何衡量企业的盈利能力

我们说过，企业经营的基本使命就是盈利。企业管理者必须把盈利这项使命牢记在心。这不是代表唯利是图，而是说如果企业不能实现盈利、不能养活自己，它又如何持续为社会提供服务呢？

一家无法盈利的企业，可能既对不起它的股东和投资人，也对不起它的合作伙伴和员工。因此，一个负责任的管理者需要具备一些基本的经营与盈利意识，这既是企业自身可持续发展的要求，也是股东获取合理投资回报的要求。

这一章，我们就来探讨如何衡量一家企业的盈利能力，以及影响盈利能力的关键因素有哪些。

为什么盈利能力和利润率不是一回事

说到盈利能力，很多人直接想到的就是利润或利润率，认为只要利润率越高，企业的盈利能力越强。事实上，盈利能力和利润率不完全是一回事；准确地说，利润率只是体现企业盈利能力的一个维度而已。

无论是对于一家企业，还是对于一项业务或者一个项目，盈利能力问题都可能比我们想象的要复杂。我们先来看一个场景。

某高新技术企业投资并运营 A、B 两条产品线。根据以下数据，请你判断一下，哪条产品线的盈利能力更强。一共有四条数据，请你在每看完一条数据后，选择你认为盈利能力更强的产品线，在表格最右侧的方框内打钩（简单起见，暂不考虑利息）。

第一条数据：A 产品线当年实现净利润 250 万元，B 产品线实现净利润 400 万元（见表 4-1）。

表 4-1　第一条数据

	A 产品线	B 产品线	你的选择
净利润	250 万元	400 万元	□ A 产品线　□ B 产品线

根据第一条数据，我们的第一印象显然是 B 产品线的净利润更高，因此似乎它的盈利能力更强。但是别急着下结论，因为两条产品线的经营规模或收入规模可能并不相同，直接比较净利润额不能反映各自的盈利效率。

第二条数据：A 产品线当年实现营业收入 2500 万元，B 产品线实现营业收入 5000万元（见表 4-2）。

表 4-2　第二条数据

	A 产品线	B 产品线	你的选择
净利润	250 万元	400 万元	☐ A 产品线　☐ B 产品线
营业收入	2500 万元	5000 万元	

第二条数据告诉我们，两条产品线的营业收入规模确实存在较大差别。用净利润除以营业收入，就能计算出两条产品线各自的净利率，也就是每一元营业收入能带来多少净利润，这样不是更能体现盈利效率吗？

A 产品线的净利率，用 250 万元净利润除以 2500 万元营业收入，为 10%；而 B 产品线为 8%。从净利率这个角度，A 产品线的盈利能力要高于 B 产品线，这跟直接比较净利润额得出的结论是不同的。

第三条数据：A 产品线总投资额为 1000 万元，B 产品线总投资额为 1500 万元（见表 4-3）。

表 4-3　第三条数据

	A 产品线	B 产品线	你的选择
净利润	250 万元	400 万元	
营业收入	2500 万元	5000 万元	☐ A 产品线　☐ B 产品线
总投资额	1000 万元	1500 万元	

第三条数据告诉我们的是两条生产线各自的投资规模情况。既然知道了总投资额，那么如果从投资回报的角度分析，是不是更能体现两条生产线的盈利能力呢？没错，投资必然有一定的回报预期，我们当然可以比较一下两条产品线的投资回报率。

如果不考虑利息，我们用净利润除以总投资额，就能计算出每条产品线的"总投资回报率"（Return On Investment，简称 ROI）。A 产品线的总投资回报率，用 250 万元净利润除以 1000 万元总投资，为 25%；B 产品线则是用 400 万元净利润除以 1500 万元总投资，为 26.7%。可见，B 产品线的总投资回报率要高于 A 产品线。从这个角度看，B 产品线的盈利能力更强，我们的结论再次发生了反转。不过还没结束，我们接着看最后一条数据。

第四条数据：A 产品线股东投入资金 500 万元，B 产品线股东投入资金 900 万元（见表 4-4）。

表 4-4　第四条数据

	A 产品线	B 产品线	你的选择
净利润	250 万元	400 万元	
营业收入	2500 万元	5000 万元	☐ A 产品线　☐ B 产品线
总投资额	1000 万元	1500 万元	
股东投入资金	500 万元	900 万元	

这条数据告诉我们的是股东投入资金情况。我们说过，投资一家企业或一个项目，不一定全部使用股东投入资金，还可以使用借入资金。换句话说，股东投入只是总投资的一部分。对于 A 产品线来说，总投资额 1000 万元中，其中有 500 万元来自股东投入，意味着另外 500 万元来自借入资金。

那么如果你是股东，你想不想知道站在自身角度看看股东的投资回报率有多高呢？股东层面的投资回报率指标，在财务上被称为"净资产收益率"（Return On

Equity，简称 ROE）。所谓净资产，就是股东投入资金的意思。

净资产收益率的计算其实比较简单，就是用归属于股东的净利润除以股东投入资金。我们看 A 产品线的净资产收益率，用 250 万元净利润除以 500 万元股东投资，结果是 50%；而 B 产品线则是用 400 万元净利润除以 900 万元股东投资，结果是 44%。从这个角度，很显然 A 产品线的盈利能力要高于 B 产品线。我们的结论又一次发生了反转。

从这个例子我们看到，利润率确实只是反映盈利能力的一个维度而已。盈利能力不是一个简单问题，它还涉及其他维度。如果将盈利能力简单地等同于利润率，我们难免得出不客观、不全面的结论。

那么，究竟哪个指标能够综合反映一家企业、一项业务或一个项目的盈利能力呢？

> 盈利能力和利润率不完全是一回事，
> 利润率只是体现盈利能力的一个维度而已。

什么是衡量企业盈利能力的核心指标

有一次，我作为财务顾问参加一家民营企业的新项目投资研判会。当时投资团队负责人向公司老板汇报项目财务测算结果，从产品定价、预估销量、各项成本费用等方面进行了详细分析。当汇报到大约五分钟时，老板打断了汇报，说道："不用汇报得太细致了，从商业角度，你们只要告诉我，这个项目需要投入多少钱，以及每年能赚多少钱回来，就这么简单。"

你看，这位老板的问题很简单，他不就是想知道这个项目的投资回报率吗？事实上，投资回报率是衡量一家企业或一个项目盈利能力的核心指标，因为企业和项目最重要的使命，就是为股东和投资者创造价值和回报。

前面我们提到两个投资回报率指标，一个是净资产收益率，一个是总投资回报率。这两个指标是有区别的，当我们说到投资回报率时，一定要明确指的是哪个指标。我们来详细看看二者的含义及区别。

➲ 净资产收益率

净资产收益率是股东层面的投资回报率指标，衡量的是企业或项目对股东投入资金的回报能力。计算公式如下。

净资产收益率 ＝ 净利润 ÷ 股东投入资金

作为分子的净利润是股东享有的收益，而分母是股东投入资金，因此它自然可以反映企业或项目对于股东投资的回报效率。

◐ 总投资回报率

总投资回报率是项目层面的投资回报率指标，主要用于衡量投资项目对总投入资金的回报能力。这里说的总投入资金，既包括股东投入资金，也包括债权人投入资金。总投资回报率的计算公式如下。

总投资回报率 ＝ 息税前利润 ÷ 总投资

需要说明的是，公式中的息税前利润，全称是"利息和所得税前利润"，其计算方法是用净利润加上利息和企业所得税。由于作为分母的总投资包含股东投资和债权人投资，因此分子需在净利润基础上将债权人收益即利息加回；而由于企业所得税受利息影响，且其在一定程度上属于项目层面的不可控因素，因此需要将其加回。通过将净利润还原为息税前利润，可以更为客观合理地反映项目对总投入资金的回报效率。

从根本上说，总投资回报率和净资产收益率的区别，就在于是否考虑投入资金结构。所谓投入资金结构，是指在总投入资金中，股东投资和债权人投资的占比。

既然总投资回报率衡量的是投资项目对于全部投入资金的回报，因此对于投入资金的结构，它并不关心。比如当我说，给你一笔特定金额的投资资金，你能用这笔资金获取多高的回报率？这里所说的回报率，就是总投资回报率的概念，因为你的任务是最大效率运用这笔资金获取收益，而对于这笔资金中有多少来自股东、多少来自债权人，你并不需要了解。

与总投资回报率不同，净资产收益率与投入资金结构密切相关。一个企业或一个项目的收益，只有在将债权人收益进行分配后，剩余部分才是归属于股东的收益，因此不同的资金结构会带来不同的净资产收益率结果。

实际上，在总投资回报率和净资产收益率之间发挥调节作用的，就是财务杠杆。

> 衡量一个企业或项目盈利能力的最核心指标，就是投资回报率。

影响盈利能力的关键因素有哪些

站在股东角度，净资产收益率是衡量一家企业、一项业务或一个项目为股东创造回报能力的终极指标。虽然净资产收益率的计算公式并不复杂，即"净利润 ÷ 股东投入资金"，但要想提升它却并非易事。

为此我们需要"化简为繁"，也就是把这个看似简单的指标分解成多个指标。不过这么做并不是真的要把简单问题复杂化，而是通过分解，来找到那些对净资产收益率有关键影响的因素。

如何分解呢？这就要说到非常有名的"杜邦分析法"了。这种方法是由一家叫作杜邦（DuPont）的公司首先设计出来并采用的，后来被应用至各行各业。杜邦分析法把净资产收益率分解成三个指标的乘积，公式如下。

净资产收益率 = 净利润 ÷ 股东投入资金

　　　　　　=（净利润 ÷ 营业收入）×（营业收入 ÷ 总投资）×

　　　　　　（总投资 ÷ 股东投入资金）

可以看到，三个指标相乘，由于前两个指标中的分母都跟下个指标中的分子相同，在相乘的过程中会被约掉，所以最后的计算结果一定就是净资产收益率。

这样一来，净资产收益率这个综合性指标就被分解成了三个二级指标。在财务上，这三个二级指标分别被称为净利率、周转率和杠杆倍数。

净利率 = 净利润 ÷ 营业收入

周转率 = 营业收入 ÷ 总投资

杠杆倍数 = 总投资 ÷ 股东投入资金

因此，净资产收益率的计算公式也可以写成：

净资产收益率 = 净利率 × 周转率 × 杠杆倍数

下面我们对这三个指标分别进行简要说明。

➲ 净利率

净利率指标我们已经提到过多次，它的全称是"销售净利率"，是用净利润除以营业收入得出，代表每一元营业收入最终能带来多少净利润。这个指标直接反映企业通过业务收入获取利润的效率。

保证一定的业务利润率水平是企业管理者的基本任务。一项业务的商业模式要成立，最基本的前提就是业务本身必须能够赚钱，也就是收入在覆盖全部成本费用后还要有盈余。设想如果你的产品售价无法覆盖你的成本，那么这显然不是一个可持续的商业模式，你的产品卖得越多，亏得就越多。

在其他因素不变的情况下，净利率越高，企业盈利能力当然就越强。说起来简单，但如果企业处于竞争激烈行业，产品提价难度大，而成本降低空间又有限，那么提高净利率并非一件容易的事。

那么当净利率难以提高，企业还能做什么以提升盈利能力呢？这就说到了周转率。

⊃ 周转率

周转率这个指标你可能有点陌生，它的全称是"资金周转率"，是用一定期间内（一般采用一年）的营业收入除以总投资得出的，代表每一元总投资额可以实现多少营业收入。

周转率反映的是企业资金周转和运营效率问题，也就是企业利用所投入资金获得收入的效率。给企业投入一定资源，企业运用这些资源获取的收入越多，运营效率就越高；反过来也可以说，企业获取特定规模的收入，所占用的资源越少，运营效率也就越高。

在企业经营过程中，较高的资金周转率体现为企业的产品销售顺畅、回款及时，生产效率高且没有大量库存积压，对资金的占压程度低；固定资产利用得充分，参与业务经营的程度高，能带来较高水平的产出。

如果说净利率反映产品卖得有"多贵"，那么周转率就反映产品卖得有"多快"，二者从不同角度影响企业的盈利水平。这个逻辑比较容易理解：在产品利润率不变的情况下，周转率越高，意味着产品卖得越快，企业的盈利水平自然越高。

⊃ 杠杆倍数

杠杆倍数是用总投资除以股东投入资金计算得出的，代表每一元自有资金可以撬动多大规模的总投资，衡量的是企业运用借入资金放大投资规模的能力。

很多财务类书籍在介绍该指标时，用的是"权益乘数"这个说法。但根据我的经验，非财务专业出身的管理者往往对这个概念感到难以理解，因此我决定改用"杠杆倍数"这一说法。事实证明，这个说法容易理解多了。

之所以称为"倍数"，是因为杠杆倍数是一个大于等于 1 的数字：在不使用借入资金的情况下，总投资和股东投资相等，杠杆倍数等于 1；当使用借入资金，杠杆倍数就会大于 1。

杠杆倍数是资产负债率指标的另一种表现形式，二者呈同向变化。也就是说，一家企业的资产负债率越高，杠杆倍数也越高，二者计算关系如下。

杠杆倍数 = 1 ÷（1– 资产负债率）

我们平时所谓的"运用杠杆"或者"加杠杆"，就是指当股东投入资金不足时，企业从外界借入资金以支持投资需求，说白了就是借别人的钱来赚钱，这样就可以实现以小博大。对于不同行业或企业，杠杆倍数水平可能存在较大差异，比如房地产行业就属于杠杆运用程度较高的行业。房地产企业要开发一个项目，可以从金融机构获得开发贷款，又可以从客户那里获得预售房款，这就使得房地产企业不需要太多自有资金，就可以撬动和运作体量较大的投资项目。

不过，虽然运用杠杆可以放大股东投资回报率，但如果运用不当，杠杆也可能给企业带来风险，需要引起管理者的足够重视。关于杠杆运用问题，我们会在后面章节中详细分析。

回到本章开头的场景。运用杜邦分析工具，我们再来看看 A、B 两条产品线的盈利能力情况，如表 4-5 所示。

表 4-5　两条产品线盈利能力情况对比

	净利率	周转率	杠杆倍数	净资产收益率
A 产品线	10%	2.5	2.0	50%
B 产品线	8%	3.33	1.67	44%

可以清楚地看到：一方面，整体而言 A 产品线对于股东的回报能力要高于 B 产品线，二者的净资产收益率分别是 50% 和 44%；另一方面，通过指标分解，我们帮助 B 产品线找到了净资产收益率较低的原因，即在净利率和杠杆倍数这两个指标方面相对落后，那么 B 产品线就可以重点在这两个方面加以改善。

同样重要的是，A 产品线虽然整体表现更好，但也不能只顾着高兴，因为它在周转率方面不及 B 产品线，所以我们也帮助 A 产品线找到了自身需要提升的方面，而如果没有这样的分解过程，我们无法获得这些有用的信息。

> 影响企业盈利能力的三大支点：利润率、周转率、杠杆倍数。

如何在利润率和周转率之间取得平衡

在影响净资产收益率的三大因素当中，杠杆倍数属于资本结构问题，而且企业融资行为发生频率相对较低。相比而言，利润率和周转率属于企业日常业务运营层面的指标，是企业管理者需要持续关注的问题。

利润率和周转率越高，企业盈利能力当然就越强。但是，利润率和周转率之间往往存在此消彼长的影响：提高产品价格当然可以提升利润率水平，但很可能对产品销量造成影响，导致周转率下降；而要想提高销量、加快周转，降价可能是一个不错的做法，但这样又会降低利润率水平。

企业管理者的任务就是要在这种矛盾中取得平衡。这种平衡并非一个客观固定的标准状态，而是与特定的产品策略相关。

产品策略涉及诸多因素，首先是产品定位问题。对于走大众化路线的产品，市场上往往同质化产品较多，企业应对竞争的一个办法就是低价策略，本质上就是牺牲一定的利润率来换取更高的周转率，也就是通常说的"薄利多销"。而对于走高端路线的产品，产品质量较为优质，产品差异化或特色化程度高，因此定价也较高。不过企业并不指望所有人都成为它的客户，虽然较高的价格可能会影响周转率，但也保障了较高的利润率。

另外，产品策略还与企业发展阶段或产品生命周期有关。企业成立初期或产品上市早期，可采用低价策略快速打开市场，此时周转率的重要性要高于利润率。当产品逐渐变得成熟，市场占有率不断提升，客户口碑和忠诚度也逐步建立起来后，企业就可以适当提高价格以提升利润空间，从而提升企业整体盈利能力。

滴滴出行在成立初期，曾与竞争对手展开"烧钱"大战，也就是推出大规模补贴优惠活动，司机和乘客都可以在使用其服务中获得好处。这样做的目的，无非就是通过低价策略获得竞争优势，快速占领市场。随着客户使用频率越来越高，加上与竞争对手的合并，滴滴取消了原先的补贴优惠，并开始逐步提高服务价格，因为此时客户黏性已经建立起来，提高价格一方面可有效弥补前期亏损，另一方面也利于提升企业未来的盈利能力。

事实上，对于行业中的优质企业，由于客户对其产品认可甚至追捧，即使产品的定价较高，对周转率的影响也不会太大。比如，苹果公司 2021 年度的毛利率达到 41.8%，而小米集团同期毛利率仅为 17.8%，但二者的资金周转率并无太大差异。

再如，贵州茅台 2021 年度毛利率高达 91.5%，远超青岛啤酒 36.7% 的水平，但贵州茅台的高毛利率并未对资金周转率造成明显影响，甚至它的资金周转率还略高于青岛啤酒。

总之，企业需要根据产品定位、企业发展阶段、产品生命周期等因素，制定适合自身的产品及价格策略，取得利润率和周转率之间的平衡，使企业盈利目标得以更好的实现。

> 如果说利润率反映产品卖得有"多贵",
>
> 那么周转率就反映产品卖得有"多快"。
>
> 在总投资回报率和净资产收益率之间发挥调节作用的,
>
> 就是财务杠杆。

本章总结

第一,投资回报率是衡量企业或项目盈利能力的核心指标。常用投资回报率指标中,净资产收益率(ROE)衡量的是企业或项目对股东投入资金的回报能力,总投资回报率(ROI)衡量的是企业或项目对于全部投入资金的回报能力。

第二,净资产收益率与总投资回报率的根本区别,就在于是否与投入资金结构有关。总投资回报率与资金结构无关,净资产收益率则会受到资金结构的影响。在二者之间起调节作用的,就是财务杠杆。

第三,杜邦分析法通过对净资产收益率指标进行分解,找到了影响净资产收益率的三大关键因素:净利率、周转率和杠杆倍数,为企业提升盈利能力提供了具体抓手。

第四，利润率和周转率之间往往存在此消彼长的关系，企业需要根据产品定位、企业发展阶段、产品生命周期等因素，制定适合自身的产品策略，取得利润率和周转率之间的平衡。

本章我们对影响净资产收益率的三大因素进行了基本阐述。在接下来的章节中，我们还要对每个因素进行更加深入的分析。

思考题

你的企业净资产收益率有多高？与同行业优秀企业相比存在多大差距？请试着运用杜邦分析法找出导致差距的原因，并制定具体的提升策略。

第 5 章

资金周转思维：如何提高资金周转效率

在上一章中，我们通过分解净资产收益率指标，知道了利润率、周转率和杠杆倍数是影响企业盈利能力的三大因素。那么你是否想过一个问题：在这三大因素当中，企业更容易在哪个或哪些因素上出现经营风险呢？

我们说过，企业陷入经营困境甚至破产倒闭，往往不是因为没有利润，而是资金出了问题。实际上，相比于利润率指标，周转率和杠杆倍数更多涉及资金问题，企业一旦在资金周转和杠杆运用方面出现问题，很容易引发经营风险。所以我们不妨换个顺序，先分析资金周转和财务杠杆，后面再分析利润率。

这一章，我们来探讨如何提高企业资金周转效率，降低资金周转压力。企业管理者必须意识到，顺畅的资金周转是企业稳健运行的重要保障。

如何衡量企业的资金周转效率

企业所有资产项目根据流动性高低，分为流动资产和非流动资产。实际上，流动资产和非流动资产的区别不仅仅在于流动性，更根本的是它们产生经济效益的方式不同，而这缘于资金会以两种不同形式投入企业。

一是以营运资金形式投入，资金每一次从投出去到收回来的过程，就对应一次完整的资金循环，也就是从采购到生产再到完成销售的整个业务循环。营运资金投入会形成企业的流动资产，如预付账款、存货、应收账款等。

二是以固定资金形式投入，资金的投入并非为实现单次从采购到销售的业务循环，而是在企业长期生产经营过程中持续参与并发挥作用。固定资金投入会形成企业的非流动资产，如固定资产、无形资产等。

营运资金和固定资金都涉及资金周转效率问题。还记得吗，我们在讲杜邦分析法的时候说过，资金周转率的计算是用营业收入除以投入资金。那么对于固定资金投入，其周转效率问题相对比较明确：既然资金已经投入，那么我们就应当充分利用它们来实现尽可能多的营业收入，实现的收入越多，资金的周转效率就越高。

拿固定资产举例，要提高对土地、厂房、生产线等固定资产的利用效率，就要让这些资产充分参与到生产经营当中，避免资产闲置浪费，成为低效资产。相反，过度投资往往导致资金效率低下，如大量购置土地或建设厂房却未能充分利用，生产线运转效率低下、开机时间不足等。

而对于营运资金，周转效率问题要稍复杂一些。要提高营运资金的周转效率，我们可以从分子（营业收入）和分母（投入资金）两个方面考虑：首先，在既定的投入资金规模下，我们应该努力实现更高的营业收入；其次，在既定营业收入目标下，我们应尽量降低投入资金的规模。

关于固定资金周转问题，我们不再赘述。接下来，我们重点分析营运资金的周转问题。

我们通过一个场景，来体会其中包含的营运资金周转逻辑。

C 企业是一家生产和销售汽车零部件的企业，其日常运营流程如下。
• 根据供应商要求，采购原材料需提前 5 天支付货款。
• 每批原材料从加工到成品并完成出库，时间为 10 天。
• 产品交付客户后，平均 15 天收到货款。

具体如图 5-1 所示。

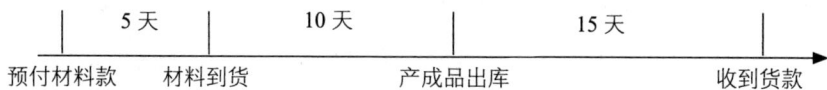

图 5-1 C 企业日常运营流程

首先，这里面涉及的是营运资金的收支，包括采购原材料支付货款、完成销售收回货款。其次，我们看这几条信息里面，没有一条关系企业或产品的利润率问题，而全都与时间或周期相关。这里面就包含了营运资金周转的逻辑，而且也说明周转率和利润率确实是两个不同维度的问题。

对营运资金而言，所谓资金周转，其实就是资金的循环。因此，我们在衡量营运资金周转效率时，可以从时间周期角度，看看完成一次资金循环所需要的周期，也就是资金从花出去到收回来所需要的时间长度，一般用天数表示。

一次资金周转天数 = 预付款天数 + 存货天数 + 应收款天数

这个时间周期越短，说明资金周转效率越高；反之，周期越长，资金周转效率就越低。

在上面的场景中，该企业完成一次资金循环需要 30 天，即 5 天 +10 天 +15 天，这意味着每笔营运资金用 30 天时间可以完成一次资金循环，一年内则可以完成 12 次循环。这就是资金周转的含义。

企业要提高资金周转效率，就要尽量缩短资金循环周期。比如如果能把上面这个周期压缩到 20 天，那么一个月就可完成 1.5 次资金循环，一年可以完成 18 次循环。即使每笔营运资金投入金额和产品利润率都不变，只要资金循环速度加快，完成一次循环所需的时间更短，那么一定时期（如一年）内完成的周转次数就更多，企业就可以实现更高的收入和更大的利润规模。

> 提高资金周转效率，就是缩短资金从花出去到收回来的时间。

资金周转失灵是怎么导致的

上节中提到的场景，其实是现实中许多企业，尤其是中小企业所面临局面的真实写照。这些企业在与产业链上下游谈判中的地位不高，在商业条款争取上没有太多话语权，很容易有资金周转上的压力。

- 采购环节，供应商给予的商业条款较为苛刻，不允许企业赊购，甚至要求企业提前预付采购款。

- 生产环节，出于保证生产及下游供货考虑，企业需要储备一定量的原材料和产品库存；有时因担心原材料供应紧缺或价格上涨，可能要储备更多库存。

- 销售环节，赊销是行业惯例，而且客户是产业链中的核心企业，款项结算账期一般也比较长。

你看，无论是采购、生产还是销售，每一个业务环节都可能形成对资金的占用，给企业资金周转带来压力。如果占用资金过多、占用时间过久，企业就可能出现资金周转不畅的问题，严重情况下甚至资金枯竭，导致企业的生产经营陷入停滞，也就是所谓的资金周转失灵。

如果一家企业存在资金周转不畅或失灵的风险，会如何将其反映在财务报表及指标上呢？

一是应收款金额大，而预收款金额小，甚至为零。这说明企业销售以赊销为主，同时难以从客户那里获取预收款，因此必然会带来资金压力。另外应收款一旦出现逾期，那么款项回收难度就会大幅增加。

二是存货金额大。企业有一定的原材料储备是必要的，但如果储备过多，就会形成对资金的明显占压。如果存货金额大主要由于产成品库存过多，甚至出现积压情形，那么这些库存产品的变现能力就可能存在问题。

三是预付款金额大。这说明企业在与供应商的谈判中未能获得有利的结算条款，企业需要根据供应商要求预先支付货款，这也必然会带来一定资金压力。

我们说过，资产的本质就是资金占用，应收款、存货、预付款这些项目都会形成对资金的占用，拖累企业的资金周转效率。

J公司是一家上市公司。

我们看一下自 2019 年至 2022 年期间，J 公司的部分财务指标情况。先看收入利润指标情况，如表 5-1 所示（单位：亿元，下同）。

表 5-1　J 公司 2019—2022 年收入利润指标情况

	2019 年	2020 年	2021 年	2022 年
营业收入	52.7	82.4	119.4	154.8
营业收入增幅	—	56.4%	44.9%	29.6%

（续表）

	2019 年	2020 年	2021 年	2022 年
营业利润	4.8	18.2	27.8	33.5
营业利润率	9.1%	22.1%	23.3%	21.6%

从收入利润指标看，J 公司四年期间营业收入增长迅速，由 2019 年的 52.7 亿元增长到 2022 年的 154.8 亿元；营业利润率自 2020 年开始就维持在 20% 以上的水平。从这个角度来看，J 公司的业绩数据可谓非常亮眼。

再来看看资金周转指标，如表 5-2 所示。这里我们重点关注应收账款情况。

表 5-2　J 公司 2019—2022 年资金周转指标情况

	2019 年年末	2020 年年末	2021 年年末	2022 年年末
应收账款	15.7	26.9	46.7	70.3
应收账款增幅	—	71.3%	73.6%	50.4%
占资产总额比重	35.7%	40.5%	43.4%	50.6%

可以看出，应收账款规模也呈现持续增长态势，由 2019 年年末的 15.7 亿元一路飙升至 2022 年年末的 70.3 亿元，各年增长幅度均远超当年营业收入增幅。这意味着尽管营业收入规模在增大，但款项回收存在明显压力。另外，应收账款占资产总额的比重也持续增长，到 2022 年年末甚至已经超过 50%。

再来看一下各年现金流指标情况，我们主要关注经营活动净现金流指标，并与当年的营业利润进行对比。如表 5-3 所示。

表 5-3　J 公司 2019—2022 年现金流指标情况

	2019 年	2020 年	2021 年	2022 年
经营活动净现金流	6.6	15.2	20.9	19.5

从现金流指标来看，J 公司的经营活动净现金流虽然每年均为正数，但其与营业利润的差距却越来越大。2019 年度经营活动净现金流还略高于当年营业利润，但随后几年，经营活动净现金流均低于营业利润，且二者背离幅度不断增大。2022 年度，在营业利润达到 33.5 亿元的情况下，J 公司的经营活动净现金流却仅有 19.5 亿元，资金回收压力明显。

那么如何提高营运资金周转效率，降低企业资金压力呢？我的建议主要有两个方面：一是要尽量利用好经营性负债，二是要采取合理有利的库存管理模式。

> 资金周转失灵的本质，就是无法形成完整的资金循环闭环。

如何利用经营性负债降低资金压力

我们前面说过，企业的负债按照来源或性质可分为两类，分别是金融性负债和经营性负债。金融性负债是企业专门开展融资活动形成的负债，比如从金融机构获得的贷款。经营性负债则是企业在日常经营过程中，因与上下游合作方开展业务而自然形成的债务，包括应付供应商货款、预收客户款项等。

我们还说过，高负债并不必然意味着高风险。企业有经营性负债，恰恰是商业信用高、在产业链中处于优势地位的表现。因此，企业如果能合理占用产业链上下游资金，利用好经营性负债，就可以在很大程度上降低自身资金压力。

我们将利用经营性负债这个策略称为"OPM 策略"。OPM 是 Other People's Money 的缩写，直译过来就是"别人的钱"，所以这个策略的意思通俗地说，就是用别人的钱，来做自己的事，这可以说是一种无成本的融资方式。

对于经营性负债，我们需要关注两个层面，一是规模，二是时间。这个不难理解，欠供应商货款的多少是一回事，能欠多长时间则是另一回事。设想即便供应商允许你赊账，但给你的账期很短，比如只有一天，那么赊账的意义也不是很大。预收款也是同样道理。因此，要想降低资金压力，企业就应该适当延长经营性负债的时间。

回到前面的资金周转效率公式：一次资金周转天数 = 预付款天数 + 存货天数 + 应收款天数。公式中与经营性负债相关的有两个参数，一是预付款天数，二是应收款天数。你可能会想，预付款和应收款都属于资产类项目，跟经营性负债有什么关系呢？

先说预付款。我们说要努力压缩预付款天数，那么预付款天数最少可以压缩到几天呢？你可能说是零，因为零就意味着一天也不需要提前支付。但仔细思考一下，这个天数有没有可能比零还小，也就是变成负数呢？答案是有可能。负数意味着不但不需要提前支付，反而还要延后支付，其实就是赊购。而当预付款天数由正数变为负数时，预付款也就变成了应付款，变成了一项经营性负债。

再看应收款。应收款天数最低可以压缩到几天呢？同样也可以是负数。负数意味着企业不但不采取赊销，反而还提前收到客户款项。当应收款天数变成负数时，应收款也就变成了预收款，同样也变成了一项经营性负债。

你已经发现了，无论是预付款变成应付款，还是应收款变成预收款，本质上都是从一项资产变成一项经营性负债，这意味着企业很好地运用了 OPM 策略，也就是利用经营性负债降低自身的资金压力。

说到这里，你可能觉得 OPM 策略真是个好东西。但要注意，企业是不是可以无限度地运用 OPM 策略呢？不是的，也要注意运用程度的把握，因为经营性负债虽然看上去是一种无息负债，但本质上并非绝对。

首先，对于应付款，它正常情况下是没有资金成本的，但如果企业提出的付款账期过长，那么必然影响供应商的利益，供应商便很可能提出一定幅度的涨价要求。你可以想想，这个价格涨幅的本质是什么？其实就是资金成本。换句话说，供应商也会算自己的账，如果被过度压款，他一定会想办法从别的方面把损失的资金成本赚回来。

同理，对于预收款，如果是因为企业产品供不应求，客户愿意主动提前付款给企业以锁定订单，那么这样的预收款对企业而言当然是没有成本的。但并非每个企业都有如此大的"魅力"，更多情况是企业为吸引客户提前付款，会给予一定的价格折扣，而且客户付款金额越大、提前支付时间越久，折扣力度就越大。深入想想，这个价格折扣的本质不也是资金成本，或者说是企业为了提前获得资金所付出的代价吗？

从这个意义上说，经营性负债其实也是有一定成本和代价的，所以企业对 OPM 策略的运用也要在合理限度内。

另外，对于经营性负债的偿还也需要引起重视。对于应付款，一旦约定了账期，除非有特殊情况，企业还是应尽量遵守约定按时付款，不信守承诺的企业将逐步失去自己的商业信用。对于预收款，客户愿意提前付款给企业，代表客户对于企业产品或服务是认可的，当然也代表对企业信任。企业要按约定保质保量地交付产品、提供服务，不辜负这种来之不易的信任。

需要特别提醒的是，对于预收款，企业一定要"看管"好客户的钱，不要随意挪用预收款，尤其是不能将其用于高风险或长周期业务。现实中有的企业在预收客户款项后，擅自将资金挪作他用，导致无法按时履行产品交付任务。这样做的后果，轻则造成客户忠诚度下降和企业信誉受损，重则可能导致企业资金链断裂，经营难以为继。

应收款和存货居高不下，是导致资金周转失灵的最常见原因。

如何降低存货对资金的占用

再来看影响资金周转效率的另一个关键要素：存货。这里面同样包含两个层面：一是存货对资金的占用规模，二是存货对资金的占用时间。

首先，在规模层面，如果企业存货规模较高，我们应当分析具体原因或情形，常见情形包括原材料储备过多，或者产成品滞销形成积压，也可能是产品生产周期较长，半成品或在产品占比较高。

对于原材料储备，一方面，企业应当控制原材料储备量，避免库存过大造成资金占压过多；另一方面，企业也需要考虑原材料供货、价格走势预期、下游订单交付等因素，合理确定原材料的储备规模，将原材料采购风险维持在可控范围内。这里面并没有一个固定不变或所谓最佳的储备规模，而是需要企业根据各种内在及外在环境因素，综合权衡考量。

对于产成品库存，企业应尽量做到以销定产、以销定存，不要因为对产品或市场盲目自信而过度生产，否则一旦由于各种原因，如消费者喜好变化、竞品突然出现等，导致产品不被市场接受，则必然造成产品滞销。我们有时会听说，有的企业用自己生产的产品给员工发福利，甚至直接与欠供应商货款进行抵账。这些都可能表明企业因过度生产导致了产品滞销。

再来看占用时间问题。在这个层面，我们可结合"存货周转天数"指标来分析存货周转效率。所谓存货周转天数，是指从运用原材料开始生产，到完成产品生产，再到产品出库交付之间的时间周期。而要提高存货周转效率，就要尽量缩短存货周转天数，减少对资金的占用时间。

前面我们已经分析了，在资金周转效率公式中，预付款天数和应收款天数都可以成为负数。那么存货天数最低可以缩短到多少天呢？这个当然不可能是负数。那么有没有可能成为零，也就是"零库存"呢？

从逻辑上讲，对于生产制造业企业来说，不可能绝对做到零库存，因为毕竟生产环节是客观的存在，需要一定时间来完成。即便一家企业早上八点去采购原材料，中午十二点完成产品生产，下午三点交付客户，每天下班时仓库中都没有库存，这算不算零库存呢？应该说这样的生产效率不可谓不高，但这还不能算是真正的零库存，因为毕竟库存还是占用了一定时间，哪怕只是几小时。

但对于不涉及生产制造环节的贸易型或平台型企业来说，零库存是完全可以实现的。在这里，零库存不是指企业当中绝对没有实物库存，而是指企业完全不因库存而占用自有资金。我们将介绍一种典型的零库存模式：VMI 模式。

VMI 是 Vendor Managed Inventory 的缩写，从字面直译就是"供应商管理的存货"。这到底是什么意思呢？说一个场景你就明白了，这个场景就是超市。

当你进入超市，看到货架上一排排琳琅满目的商品时，你有没有想过这样一个问题：这些商品都是超市的吗？它们此时此刻都反映在超市这家企业的财务报表上吗？

答案是并没有，它们都依然在供货商自己的财务报表上。虽然商品在超市的货架上放着，但超市并不会把这些商品先买下来再去销售，因此不会给超市造成资金占压；如果商品滞销卖不出去，那也是供货商自身的问题，超市不承担销售风险。

那什么时候这些商品会反映在超市的账面上呢？是在顾客结账的那一刻。但这些被购买的商品也只是在超市的账面上走一遍，而不会留下余额。我们可以设想，超市的后台系统会同时进行两笔账务处理，一笔是商品以成本价入库，一笔是商品以销售价出库，同时确认利润的实现。这样一进一出，超市账面体现的库存依然为零。

这就是典型的 VMI 模式，也就是所谓的"零库存"：看起来企业有大量实物库存，但在财务报表上是零库存，因为在实现销售之前，所有库存仍然都属于供货商，企业自身不会因这些库存形成任何资金占压。

实际上，超市的厉害之处还不只是没有库存占压资金，我们不妨继续看看超市在另外两个指标即预付款和应收款方面的表现。

首先，超市会预付供货商货款吗？当然不会。事实上超市不但不会预付，反而会欠供货商的货款，也就是所谓的"压款"。考虑到持续滚动销售，超市将一直有一定账期的销售资金待在账上，这大大降低了超市的资金压力。

其次，超市会有应收款吗？或者说，我们去超市买东西可以赊账吗？当然是不行的，所以超市不会有坏账方面的烦恼。更进一步，超市不但不允许赊账，有时还会发行预付费购物卡，这样便可以实现资金的提前回笼，进一步降低自身资金压力。

有人说超市是高周转行业，你是怎么理解这种说法的呢？一般的理解就是去超市买东西的人多，商品卖得快。这当然也没错，但这个理解深度还不够。通过刚才的分析我们看到了，超市在三个方面都做到了极致：第一，VMI 库存管理模式，使得其完全不因库存占压自有资金；第二，占用上游供应商货款，在商品完成销售后一段时间再结算；第三，不允许赊销，不产生应收款，甚至可以通过特定方法实现资金提前回笼。从三个方面同时理解超市的高周转，才是比较完整的。

结合本节及上节内容，我们总结一下，企业要想提高资金周转效率，应当努力做到以下几点。

- 在采购环节：尽量缩短预付时间，降低预付比例；争取采用赊购，并争取合理的付款账期。对于具有一定经营规模，已经建立良好商业信用的企业，向供应商争取有利的结算条款是必要且可行的。

- 在生产环节：合理制订采购计划，尽量做到以销定产、以销定存。如果担心原材料供应短缺或价格上涨，可以适当备货，但应在防范采购风险和降低资金占压之间找到合理平衡；对于重要原材料，企业尽量不要受制于单一供应商，最好储备多个供应渠道。

- 在销售环节：加强客户信用管理，合理确定赊销额度和账期；加快应收账款回收，对于接近或超过账期的款项要加强催收。如果企业拥有一定市场地位，产品具有较强竞争力，可要求客户预先支付货款，实现资金提前回笼。

> 经营性负债几乎是一种无成本的融资方式，
> 企业要好好利用经营性负债降低资金压力。
>
> VMI（供应商管理的存货）模式本质上就是一种零库存模式：
> 在实现销售之前，所有库存仍然属于供货商。

本章总结

第一，企业在经营过程中有两类资金投入形式，一是固定资金，二是营运资金。对于营运资金，资金周转天数是衡量周转效率的有效指标，它是指资金完成一次循环所需要的时间。通过缩短资金周转天数，企业可以在一定期限内取得更多收入。影响资金周转天数的因素包括预付款天数、存货天数和应收款天数。

第二，资金周转风险常见迹象包括：应收款规模大，而预收款规模小；存货及预付款规模较大。这些迹象意味着企业在产业链中的地位不高，难以在合作中获得有利的商业条款，这必然会给企业带来较大资金压力。

第三，企业应当利用好经营性负债以降低资金压力，如应付供应商货款、预收客户款项等，也就是所谓的 OPM 策略。经营性负债代表的是上下游合作方对企业商业信用的认可。当然，企业对经营性负债的运用应合理适度，因为经营性负债看似没有成本，实际上并非绝对。

第四，为提高存货周转效率，企业应尽量降低库存对资金的占用，同时也要综合考虑各种内外部因素，确定适合企业自身的库存水平。VMI 是一种特别的、对企业经营非常有利的存货管理模式。

思考题

你认为还有哪些行业属于资金高周转行业？说说你的理由。

典型案例

上市公司年利润超百亿元，为何仍陷入资金危机

华夏幸福基业股份有限公司（以下简称华夏幸福）成立于1998年，是一家以产业新城开发与运营为主业的公司，总部位于河北固安。成立早期，凭借在环北京区域的业务布局与深耕，公司业务发展迅速。2011年9月，华夏幸福借壳ST国祥，正式登陆资本市场。

彼时的华夏幸福就像一个刚刚冲出起跑线的百米运动员，正处于加速发力阶段。上市后的数年中，华夏幸福发展如日中天，业务布局拓展至全国多个主要经济带，甚至"走出去"，将业务拓展至印度尼西亚、越南、印度等国家。业务规模持续扩大带来了经营业绩的连年上升，华夏幸福成为许多同行业企业和职业经理人眼中的耀眼明星。截至2020年年末，公司资产总额接近5000亿元，营业收入连续两年超过1000亿元，年净利润最高曾达146亿元。

但在2021年初，一场黑天鹅事件不期而至。2月2日，华夏幸福公开宣布出现债务偿还逾期，违约债务金额为52亿元。如此一个"大块头"，竟然被区区52亿元的债务难倒，未免让人唏嘘。要知道当时公司账面上的货币资金有236亿元之多。你可能会纳闷，公司的账上有这么多资金，为什么会还不上52亿元的债务呢？

答案是其可动用资金只有8亿元，其余228亿元资金因受到专款专用、政府监管、合作方共管等原因而成为不可随意动用的受限资金。随着有息债务陆续到期，到2021年底，华夏幸福逾期债务规模已达千亿元之多。

此次债务危机直接导致华夏幸福股价闪崩。来看看华夏幸福上市十年期间的资本市场表现：2011 年刚上市时市值约为 100 亿元，2017 年达到历史最高点，超过 1200 亿元，而上市十年后，市值仅余约 100 亿元。十年间，华夏幸福经历了过山车式的变动。

究竟发生了什么？

关于债务爆雷的原因，众说纷纭。有人说是因为公司扩张太快，把资金链绷断了；也有人说是公司内部管理水平低下，跟不上业务的发展速度。这些说法都有一定道理，但在我看来，问题的本质是华夏幸福业务模式的脆弱性。

华夏幸福的主营业务是产业新城开发建设，其中包含两大类业务：一是产业园区开发，主要是园区土地整理和基础设施建设，业内称为土地一级开发；二是房地产开发，即商品房建设与销售，业内称为二级开发。

需要说明的是，华夏幸福这两类业务是相辅相成、不可分割的，房地产开发业务属于产业园区内部住宅配套，并非独立的城市地产开发。说得更直白一点，正是因为华夏幸福帮助地方政府进行产业园区开发，它才获得了在产业园区内进行房地产开发的机会。

产业园区开发和房地产开发，两类业务各自特点明显却又迥异。二者一度搭配得相当完美，如今却出现了明显的失配。

园区开发：这到底是个什么样的生意

园区开发业务主要是帮助地方政府对产业园区进行土地拆迁、收储及平整，以及道路、绿化、地下管网等基础设施建设，并负责后期招商和运营工作。

根据协议，产业园区开发业务结算采用的是成本加成模式。所谓成本加成，就是在华夏幸福实际投资成本基础上，地方政府加价一定比例进行返还，这样就确保了业务的利润率。所以从利润率角度来看，这是一笔稳赚不赔的买卖。

但这里面同时隐含着一个问题，那就是结算的滞后性。华夏幸福需要先行垫资对园区进行开发建设，地方政府则会每年对华夏幸福上年度实际完成工程量和投资额进行验收确认。注意，这一步只是对华夏幸福已完成工程量和产值的确认，而不是实际款项结算。至于什么时候结算，要具体看地方政府当年财政收入和预算情况。

这就给华夏幸福带来了一个资金上的难题：大量垫资。体现在财务报表上，华夏幸福将园区开发垫资先计入存货科目，在地方政府对工程量和产值进行验收确认后，根据应结算金额确认营业收入；但由于验收当时并未收到结算款，所以只能确认为应收账款。所以当我们看华夏幸福历年财报时会发现一个明显的现象，那就是应收账款和存货规模连年增长，如表5-4所示。

表 5-4　华夏幸福 2016—2020 年应收账款和存货规模情况

单位：亿元

	2016 年	2017 年	2018 年	2019 年	2020 年
应收账款	95	189	344	469	631
存货	1473	2298	2545	2903	3102
合计	1568	2487	2889	3372	3733

数据来源：华夏幸福年报。

应收款和存货规模居高不下，正是资金周转效率低下的表现，所以我们说，园区开发业务属于典型的资金低周转业务。

房地产开发：曾经的现金奶牛

好在华夏幸福还有另外一类业务：商品房开发与销售。这项业务可以说是华夏幸福曾经的现金奶牛。

华夏幸福开发的房地产项目主要位于北京周边的河北区域。在 2017 年以前，环京房地产市场火热，尤其是 2015 年北京市政府东迁通州之后，河北省廊坊市下辖的北三县商品房量价齐升。当时投资客和在北京工作的年轻人纷纷跑到环京区域置业，华夏幸福位于固安、大厂、香河等地的房地产项目为公司带来了大量现金流。

由于我国对商品房销售允许采用预售模式，因此房地产开发业务的典型特征是可以带来大量预售资金，这正是资金高周转业务的典型特征，因为它不需要占用企业太多自有资金。华夏幸福大量来自商品房销售的现金流，恰好可以补充其园区开发业务的资金缺口。这是两类业务之间一种非常好的搭配，如果这种搭配可以一直持续，华夏幸福也许可以续写业绩神话。

转折点出现，商业模式脆断

实际上，华夏幸福的隐患种子早在 2017—2018 年就已经种下。当时国家针对房地产行业出台了极为严格的调控政策，限购、限售、限价、限贷等规定让环京房地产市场遭受巨大冲击。随着调控政策的落地实施，华夏幸福旗下的许多楼盘价格出现明显下跌，交易量也大幅下滑。投资客急于抛出手中的房产，却发现几乎没人接盘；许多年轻人也因达不到社保个税等要求而不具备购房条件。曾经作为华夏幸福"提款机"的孔雀城（华夏幸福旗下地产品牌），也已不复当年之勇。

体现在财务报表上，我们可以看到华夏幸福的预收账款在 2018 年达到峰值 1375 亿元以后便一路下滑（见表 5-5）。要知道预收款属于过渡类科目，对房地产企业而言，当商品房项目陆续交付客户后，预收款便会转为营业收入；而如果新的预收款不能及时进账，预收款余额便会下降。这就好比一个蓄水池，当出水速度快于进水速度时，水位必然下降。

表 5-5　华夏幸福 2016—2020 年预收账款规模情况

单位：亿元

	2016 年	2017 年	2018 年	2019 年	2020 年
预收账款	1025	1325	1375	1253	978

数据来源：华夏幸福年报。

而此时，华夏幸福位于全国各地的园区开发项目却依然像一只只张开大口的饕餮，等待着持续不断的资金注入，由此给公司带来的资金压力和缺口也不断增大。

与此同时，环京区域的住宅过度开发问题也受到了有关部门关注，随后这些区域的住宅用地指标受到严控。之前地方政府可以通过出让住宅用地使用权获得土地出让金收入，这部分收入可作为对华夏幸福园区开发返还款的资金来源。而如今土地出让指标减少，这让当地政府的土地出让金收入锐减，对华夏幸福的结算不可能像之前那么快。

另外，与房地产调控政策一同出台的，还有金融调控政策。多年来，国家一再收紧资金流向房地产行业的口子，无论是房企开发贷款，还是购房者按揭贷款，都出现了较高的门槛及额度上的缩减。这对于华夏幸福来说，无异于雪上加霜。

***

当年曾经有很多企业想学习甚至复制华夏幸福模式，但要知道，华夏幸福模式的正常运作是有严格前提条件的，那就是园区开发与房地产开发两类业务必形成很好的配合支撑关系。一旦房地产业务受到较大影响，不能为园区开发带来足够的资金供应，这种支撑关系便会逐步瓦解，这种模式的脆弱性便容易显现出来。

事实上，华夏幸福只是一个平台和通道，其债务违约的本质还是房地产市场的萎缩和结算的滞后。与此同时，由于所投入资金大多沉淀在园区基础设施当中，这些基础设施的变现能力较弱，也无形中加大了华夏幸福资产盘活的难度。

也许一切辉煌终会走向结束，企业很难真正做到基业长青。时间有撕碎一切的锋利牙齿，而企业的生存就是一场不断与时间带来的熵增相对抗的历程，精彩之处在于对抗的过程，而非结果。

第 6 章

财务杠杆思维：如何合理运用财务杠杆

"杠杆"原本是一个物理学名词，是指借助杠杆可以以一个较小的力，来撬动一个更大重量的物体。古希腊物理学家阿基米德曾说："给我一个支点，我可以撬动地球。"他说的便是对利用杠杆原理的一种形象比喻。

而当"杠杆"概念遇上"财务"维度，成为"财务杠杆"时，它又代表什么呢？另外，我们在讲投资回报思维的时候说过，财务杠杆是影响企业盈利能力的关键因素之一，那么它具体是如何发挥这种影响的呢？还有，我们真的可以随意使用财务杠杆吗？

本章我们就来全面认识财务杠杆，并探讨如何合理运用财务杠杆，尤其是如何识别与防范它所隐含的潜在风险。

如何全面理解财务杠杆特性

财务杠杆的基本特性不难理解。先来看一个场景。

小张是在北京工作的一个年轻白领，今年 30 岁。毕业工作 5 年以来，小张每年都能攒下 20 万元存款。每年能攒下这么多钱可以说不算少，但他同时还有一个不算小的目标：因为马上面临结婚，他想在北京六环内购买一套 100 平方米的房子。

假如北京六环的房价是 4 万元每平方米，那么很显然，小张五年的存款也远不够买下这样一套 100 平方米的房子。于是，小张决定将全部存款用作购房首付，其余不足部分通过按揭贷款来解决。

在这个场景中，小张自己的存款只有 100 万元，他却通过贷款买到了一套价值 400 万元的房子。假如小张要等到自己攒够全部房款才去买房，按照他目前的收入水平，再假设房价也稳定在当前水平，那么他要等到 45 岁才可以实现愿望。但通过使用贷款，小张现在就可以拥有一套属于自己的房子。这就是杠杆的力量。

同样地，在企业经营和投资过程中，如果出现企业自有资金有限，不能满足全部投资资金需求的情况，企业也可以通过外部融资来解决问题，也就是进行所谓的"加杠杆"。

财务杠杆可以帮助企业以较少的自有资金，来撬动更大体量的投资，从而起到扩大经营和投资规模的效应。以小博大，是财务杠杆最基本的作用与特性。

财务杠杆基本特性：以有限的自有资金，撬动更大体量的投资。

不过很多人对财务杠杆的认识仅仅到此为止。他们认为财务杠杆很简单，说白了就是没钱借钱嘛。然而，财务杠杆的以小博大作用绝非这么简单，它还有更深层也更重要的特性。

我们再来看一个场景。

老张今年48岁，已经解决了房产自住需求，开始做起房产投资[①]。老张投资了一套100平方米的房子，房子单价是4万元每平方米。老张用于投资的总资金400万元中，有200万元是自有资金，另外200万元使用的是贷款。

老张的投资期望是房价在一年后上涨25%。假如一年后老张的预期实现，房价真的上涨了25%，那么在不考虑贷款利息的情况下，请问老张的自有资金收益率是多少？

这个计算并不复杂，用投资收益100万元（400万元 × 25%）除以自有资金200万元，就能得出答案：50%。这里关键要看的是房价涨幅和自有资金收益率之间的关系：房价上涨了25%，老张的自有资金收益率却达到了50%，是前者的二倍。为什么会这样呢？就是因为老张的这个投资行为加了一倍的杠杆，即用200万元自有资金撬动了一项400万元的投资。

这说明使用财务杠杆可以在项目投资回报基础上，放大自有资金的投资收益。这

[①] 举例仅为具体展示计算方法，不作为投资建议。

就是财务杠杆的第二层特性，也是更深层的特性。

财务杠杆深层特性：项目投资回报的波动，带来自有资金收益更大程度的波动。

这里所谓的项目投资回报，其实就是总投资回报率的概念，而自有资金收益则是净投资收益率的概念。还记得吗，我们在讲投资回报的时候说过，在总投资回报率和净投资收益率之间起调节作用的，就是财务杠杆。所以财务杠杆的这层特性也可以这样描述：总投资回报率的波动，带来净投资收益率更大程度的波动。

你可能觉得财务杠杆真是个好东西，因为它可以提高我们的投资收益。但先别急着乐观，我要告诉你的是，这里所说的波动，不仅包括向上的有利波动，也包括向下的不利波动，而财务杠杆的这种放大效应，同时适用于向下方向上的波动。

换句话说，财务杠杆既可以放大自有资金投资收益，也可以放大投资亏损或风险，这就是财务杠杆的"双刃剑效应"。

为了验证财务杠杆对投资亏损或风险的放大效应，针对上面的场景，我们考虑一个相反的情形：如果房价不涨反跌，在一年后下跌了 25%，那么老张的自有资金收益率会是多少呢？在具体计算之前，你可以先凭直觉推测一下。

答案是亏损 50%，跟房价下跌幅度相比，也是二倍的关系。这确实说明，一旦项目投资出现亏损，使用财务杠杆也会放大自有资金的亏损幅度。

据此你甚至可以进一步推断：如果房价上涨 50%，那么老张的自有资金收益率将达到 100%；而如果房价下跌 50%，老张的自有资金收益率将会变成亏损 100%。

当然，老张的自有资金收益率和房价波动幅度之间并非一定是二倍关系，这取决于老张使用了多大程度的杠杆。在上面的场景中，老张的投资是由"自有资金 200 万元 + 借入资金 200 万元"构成，这意味着该投资项目的杠杆倍数为 2，因此项目收益的波动可以带来自有资金收益二倍的波动。

而如果杠杆使用力度再大些，比如变成"自有资金 100 万元 + 借入资金 300 万元"，那么在这种情形下，房价只要上涨或下跌 25%，自有资金收益率就会达到 100% 或亏损 100%，即项目收益的波动将带来自有资金收益四倍的波动。因为在这种资金结构下，投资项目的杠杆倍数变成了 4。

意识到财务杠杆的"双刃剑"特性，可以让我们在运用杠杆的时候更加理性谨慎。这个逻辑不仅适用于企业投融资决策，对个人投资理财也有很强的启发意义。比如，为什么我一直对加杠杆炒股这种行为持强烈反对态度？因为我们不能只想着杠杆会带来更高的收益，更应该意识到的是，它还可能会带来更大的损失和风险。

> 财务杠杆不是简单地指没钱借钱，
>
> 而是指其对收益和风险的放大效应。

运用杠杆提高收益的基本前提是什么

既然财务杠杆存在"双刃剑"特性，也就是既可以提高投资收益，也可以放大投资亏损或风险，那么企业在投资过程中，应如何运用财务杠杆才能发挥其优势，起到提高投资收益的作用呢？或者说，运用财务杠杆提高投资收益的基本前提是什么呢？

根据上节中的场景，有人可能认为，只要项目层面产生正的投资回报，使用杠杆就可以提高或放大自有资金收益；如果项目层面出现亏损，使用杠杆就会放大自有资金亏损。事实并没有这么简单。实际上，上节中的场景只是一个简化情形，我们只是想说明财务杠杆的"双刃剑"特性，为简单起见并没有考虑借入资金利率问题。但在企业真实的投资过程中，不可能不考虑借入资金利率，这时候结论就不是那么简单了。

我们再来看一个企业投资的场景。

你的企业打算投资一个新项目，总投资额为 1000 万元。关于投资资金来源，有如下三个方案。

方案一：1000 万元全部为自有资金。

方案二：800 万元为自有资金，200 万元为借入资金。

方案三：500 万元为自有资金，500 万元为借入资金。

现在，给你两个假设条件：

第一，项目总投资回报率为 20%；第二，借入资金利率为 10%。

暂不考虑企业所得税，请你计算一下：三个方案下各自的自有资金收益率分别是多少？

很显然，三个方案对杠杆的运用程度逐渐增高。我们就来通过这个场景，看看杠杆运用程度和自有资金收益率变化之间的关系。

计算过程分为三步：

第一步，计算出项目层面产生的总收益；

第二步，用项目总收益扣除借入资金利息，得出归属于自有资金的净收益；

第三步，用归属于自有资金的净收益，除以自有资金本金，即可得出自有资金收益率。

计算过程及结果如表 6-1 所示。计算过程并不复杂，但对数字和计算不敏感的读者也可以跳过，直接看最终计算结果。

表 6-1　三个方案下的自有资金收益率计算

单位：万元

指标	公式	方案一	方案二	方案三
总投资（万元）	①	1000	1000	1000
总投资回报率（%）	②	20	20	20
项目总收益（万元）	③ = ① × ②	200	200	200
借入资金（万元）	④	0	200	500
借入资金利率（%）	⑤	10	10	10
借入资金利息（万元）	⑥ = ④ × ⑤	0	20	50
自有资金（万元）	⑦	1000	800	500
自有资金收益（%）	⑧ = ③ − ⑥	200	180	150
自有资金收益率（%）	⑨ = ⑧ ÷ ⑦	20	22.5	30

经过计算，三个方案下的自有资金收益率分别为 20%、22.5% 和 30%。这个结果反映的是，随着杠杆运用程度增加，自有资金收益率呈现上升趋势。这说明加大杠杆确实可以提高自有资金收益率。

不过我们刚才假设项目投资回报率是 20%，这是一个比较乐观的假设。在企业投资实践中，经常出现由于各种主观或客观原因，比如企业自身经营不善、市场预估过于乐观、遭遇意外事件等，导致项目实际投资回报未能达到预期水平的情形。因此我们可以对上面这个场景做个改变。

假设上述项目投资回报率未能达到预期水平，实际投资回报率仅为 5%，其他条件不变，结果又会是什么样呢？

具体计算过程不再列示，我们直接给出答案：方案一为 5%，方案二为 3.75%，方案三为零。可以看到，随着杠杆运用程度增加，三个方案下的自有资金收益率又呈现越来越低趋势。这说明加大杠杆确实可以降低自有资金收益率。

上述两种情形下自有资金收益率结果对比如表 6–2 所示。

表 6-2　两种情形下自有资金收益率结果对比

情形	自有资金收益率		
	方案一	方案二	方案三
达到预期情形（ROI：20%）	20%	22.5%	30%
未达预期情形（ROI：5%）	5%	3.75%	0

这个例子再次印证了，企业使用财务杠杆可以提高自有资金收益，也可以降低自有资金收益。那么，财务杠杆究竟什么时候会提高投资收益，什么时候又会降低投资收益，甚至导致投资亏损呢？

上述两种情形的区别仅为项目层面的总投资回报率不同，二者一个是 20%，另一个是 5%。所以可以说，如果项目投资回报率较高，那么使用杠杆可以提高自有资金收益；一旦项目投资回报率太低，那么使用杠杆就会降低自有资金收益。

这么说当然没问题，但这只是一种定性描述。从定量角度来看，项目投资回报率多高算高、多低算低呢？换句话说，决定财务杠杆展现"天使"一面还是"魔鬼"一面的那个临界点，到底是什么呢？

关键就是借入资金利率，它扮演的是杠杆中那个固定不变的支点的角色。由于借入资金利率是一个固定值，无论项目投资回报是高是低，债权人都会按照约定的利息率拿走属于他的回报，既不会多拿也不会少拿。

事实上，金融性负债的债权人有两个特性，一是"不贪婪"，二是"不同情"。在不同情形下，债权人会展现不同的一面，而这会给自有资金收益带来截然不同的影响。

所谓"不贪婪"，是指即使项目投资回报率高于约定利息率，债权人也不会索取超过约定利息率的回报。在拿走属于他应得的回报后，借入资金贡献的回报超过利息部分，自然就归自有资金所有，从而提高了自有资金收益。

所谓"不同情"，是指当项目投资回报率低于约定利息率时，债权人也依然会按照约定利息率索取他应得的回报。借入资金贡献的回报不足以覆盖利息支出的部分，就需要由自有资金给予补偿，于是就进一步降低了自有资金收益。

因此，要想运用财务杠杆来提高自有资金收益，最基本的前提就是项目投资回报率一定要高于借入资金利率。二者一旦出现倒挂，财务杠杆的存在便会吞噬原本就较低的项目投资回报，导致自有资金收益进一步降低，甚至产生亏损。

经过上面的分析，我们清楚了财务杠杆发挥"双刃剑"效应的原理，也知道了运用杠杆提高投资收益的基本前提。这提醒我们，在运用财务杠杆之前一定不能盲目乐观，要充分做好投资测算，以应对杠杆可能带来的风险。

利用财务杠杆提高投资收益的前提是项目投资回报率
一定要高于融资利率。

投资与融资如何合理匹配

使用财务杠杆时，我们除了要关注项目投资回报率与融资利率的关系，还需要关注投资与融资的匹配问题。在这个问题上，至少有两个层面值得关注。

一是期限层面的匹配。如果投资项目期限较长，而融资资金期限较短，甚至明显短于投资期限，二者就会形成期限上的错配。当短期融资资金被用于长期投资项目，就产生了所谓的"短贷长投"，从而给企业带来较大风险。

我们知道，许多投资项目在实际产生效益之前，都需要一定时期的培育或孵化；有的重资产投资项目，仅投建期可能就需要几年，进入运营期后也是逐步才会产生收益。在投资这样的长期项目时，如果企业选择使用期限较短的融资资金，那么等到融资到期时，你会发现项目根本没有产生足够的现金用于偿债，而如果企业此时没有其他资金来源，债务违约就在所难免。这就是短贷长投的后果。

现实中，我们经常看到企业由于债务到期，但自身暂不具备还款能力，继而引发债务危机甚至陷入经营困境的案例。之所以会出现这样的情形，往往就是由于投资项目的回款周期较长，而使用的债务资金期限较短，导致融资和投资之间出现了明显的期限错配。

电视剧《人民的名义》中有一个比较典型的例子：大风服装厂一笔银行贷款到期，由于项目资金不足，工厂只好使用高息过桥资金归还贷款。本以为银行很快就能给予续贷，结果等来的却是银行拒绝续贷的"噩耗"。由于过桥资金质押了工厂的全部股权，直接导致包括工人持股在内的公司股权被转移，进而引发了一连串恶性事件。

为避免短贷长投风险，我们在对投资项目进行测算时，不要仅仅测算项目整体收益，还要测算好项目的投资回收期，也就是收回投资本金所需要的时间，这可以让我们在投资前做到心中有数，从而在开展融资时合理确定融资期限。鉴于投资中存在的不确定性，融资期限最好比测算的投资回收期长，比如半年到一年，并且企业应争取较为灵活的还款方式。

二是风险层面的匹配。这指的是，不同风险程度的投资，应该匹配不同的融资资金来源。对于高风险投资，也就是那些收益率不稳定、波动幅度大，投资期限存在较大不确定性的投资，最好匹配股权融资而非债务融资。因为债务融资有固定的利息率和到期日等要求，一旦投资项目出现收益水平低于预期、投资期限拉长等情形，便可能影响债务融资的正常偿还，出现债务违约的可能性也因此大大增加。

事实上，债务融资更适合用于低风险投资，也就是那些预期收益和投资期限比较确定的投资。相比而言，股权融资由于没有固定利息率和确定的到期日等限制，而且股权资金对风险的可承受程度也更高，因此更适合匹配高风险投资。

光明乳业是一家集乳制品的开发、生产和销售，奶牛的饲养、培育，物流配送等业务于一体的上市公司。2021 年 12 月，光明乳业完成非公开发行股票工作，募集资金 19.3 亿元，其中 13.55 亿元将用于牧场建设，以巩固公司的奶源供应保障能力。

由于牧场建设投资规模大、投资回收期长，因此光明乳业采用股权融资方式解决资金来源问题。这可以说是正确的选择，因为如果采用债务融资，那么光明乳业就要承担每年一笔固定且金额不小的利息开支，而且必须在债务到期时足额偿还本息，而这无疑为不确定性较高的牧场投资带来较大的压力和风险。

当然，尽管股权融资在满足高风险投资方面有优势，但我们也要注意它的弊端。股权融资的问题是会稀释企业原有股东的股份，在通过股权融资引入新股东的情形下，除非原股东同比例进行注资，否则其持股比例必然下降。在上述光明乳业增发股票进行融资的案例中，控股股东光明食品集团认购了其中 9.98 亿元增发股票，使得其对上市公司的持股比例维持在 51% 以上。

不过，对于初创企业而言，由于股权融资资金主要来自风险投资（Venture Capital，简称 VC）、私募股权投资（Private Equity，简称 PE）等外部投资者，因此股权融资对创始人股东的股份稀释效应较为明显，再加上这些新投资者可能要求对企业重大决策事项拥有一定的话语权，因此与创始人股东之间出现摩擦和冲突便是常事，特殊情况下甚至还可能导致企业控制权发生转移。因此，初创企业在进行股权融资时要做好充分的心理准备，有时股权融资的"人合"意义甚至大于"资合"意义。

> 使用财务杠杆要注意防范融资和投资的期限错配，
>
> 也就是短贷长投问题。

如何有效控制财务杠杆风险

适度运用财务杠杆对扩大企业经营规模、提升企业盈利能力是有利的，一旦使用不当，财务杠杆可能给企业带来较大风险。你应该已经体会到，财务杠杆确实是天使和魔鬼的混合体，它随时可能"变脸"。因此我们一定要警惕财务杠杆运用中的风险，尤其要关注项目投资回报率与融资利率产生倒挂，以及投资与融资期限错配引发的短贷长投问题。

除此之外，为了帮助你更好地控制杠杆风险，本书再给出几点建议。

⊃ 控制业务扩张速度，不要过度使用杠杆

设想有两家企业，一家企业的增长目标是业务规模每年增长 5%，而另一家企业的目标是每年增长 50%，你觉得哪家企业未来会发展得更稳健？答案通常是前者，因为后者很可能为了满足业务高速增长的需求而大幅举债扩张，这便大大增加了其债务风险，给企业发展带来极大的不确定性。

做大做强是很多企业管理者的愿望，但要知道的是，企业业务规模扩张的同时几乎必然伴随杠杆运用程度的增强。在我看来，企业管理者应当控制利用杠杆进行快速扩张的欲望，稳扎稳打，踏踏实实地发展，哪怕慢一点也没关系。企业做大做强固然好，但别忘了，生存永远是企业的第一要务。

⊃ 尽量避免资产过重

资产过重是导致企业杠杆程度居高不下的重要原因。有的企业以拥有大量土地、厂房等固定资产为荣，事实是这些资产都会形成对资金的大量占用。如果这些较重资产都能充分参与生产经营，给企业带来足够的经济效益，那当然是最好的，一旦遭遇经济低迷、产品市场需求萎缩，企业被迫缩减产能等，这些固定资产便会成为企业的累赘。尤其如果企业当初大量使用杠杆来购置这些资产，那么高额的利息开支将会给企业带来巨大压力。

企业管理者如果换个思路，考虑以租赁方式获得土地、厂房、设备等固定资产的使用权，而不是非要以持有方式把资产的所有权紧紧握在手中，便可以将固定成

本转化为变动成本，从而使企业资金压力大为减轻，经营灵活性大大增强。

➲ 控制高风险投资

前面我们说过，高风险投资是指那些收益波动性大、存在较大不确定性的投资。例如，股票投资就属于典型的高风险投资，股票价格的波动幅度大，甚至一日内的波动理论上就可以达到20%。在这种情况下，如果企业还增加杠杆投资，那么投资收益的波动将被进一步放大，一旦遭遇不利因素，那么杠杆的存在便会对投资收益产生更大更明显的吞噬效应，甚至导致产生巨额投资亏损。因此，不要盲目羡慕那些利用杠杆获得高额收益的人，因为他可能同时为此承担了巨大风险，而这个风险对你来说，可能是难以承受的。

另外，我们前面说过，对于高风险投资，最好匹配股权资金，现实中也有不少企业意识到了这一点，他们通过引入风险投资、私募股权投资或战略投资等获得资金。但需要注意的是，这些资金虽然多以股权方式入资，但同时很可能附加了诸如业绩对赌、保底分红、限期上市等条款，这就使这类资金并非纯粹意义上的股权资金，尤其像保底分红这样的条款，本质上属于债权资金的要求。

➲ 谨慎对外担保

对外担保带来的问题是使正常经营的企业瞬间陷入麻烦的常见原因之一。很多企业，尤其是中小企业，往往因互保等行为成为对外担保的受害者。对外担保的最大问题是，企业陷入困境并非由于自身原因，而是被其他人或其他企业债务违约所牵连。

这也是为什么在我国，上市公司对外担保行为受到严格监管和限制，因为上市公司属于公众公司，一旦因对外担保导致自身生产经营受到牵连，将造成广泛的不利影响，尤其是广大中小投资者利益将受到损害。

总之，合理运用财务杠杆，控制杠杆风险，是企业管理者必须具备的重要能力。杠杆思维也是企业经营及投融资决策中的重要一环。

最后，送给大家两句话，作为对财务杠杆特性和如何防范杠杆风险的总结。

第一，不要过度负债，负债偶尔是"天使"，经常是"魔鬼"。

第二，量力而行，控制扩张的欲望和节奏；宁求稳，勿求快。

> 高风险投资最好匹配股权融资，
> 债务融资则应该主要用于低风险投资。
> 不要过度负债。量力而行，控制利用杠杆进行扩张的欲望和节奏。
> 宁求稳，勿求快。

本章总结

第一，财务杠杆的以小博大作用并不只是没钱借钱这么简单，它更重要的特性是"双刃剑"效应，也就是它既可以放大投资收益，也可以放大投资亏损或风险。在使用财务杠杆的情况下，项目投资回报的波动，会引起自有资金收益更大程度的波动。

第二，利用财务杠杆提高投资收益，前提是项目投资回报率一定要高于融资利率。二者一旦出现倒挂，财务杠杆的存在就会对投资收益起到吞噬效应。

第三，使用财务杠杆要注意防范融资和投资的期限错配，也就是短贷长投问题。另外，高风险投资最好使用股权融资，债务融资则应该主要用于低风险投资。

第四，为更好地控制杠杆风险，企业应当控制利用杠杆进行业务扩张的欲望和节奏，不要过度使用杠杆；控制重资产和高风险项目投资；谨慎对外担保。

思考题

你的企业是否在经营及投资过程中使用了财务杠杆？如果有，财务杠杆是否起到了提高企业投资收益的作用？

典型案例

行业巨头为何轰然倒地：成也杠杆，败也杠杆

现实中我们会看到有不少企业，甚至包括一些大型知名企业和上市公司，由于不恰当地使用财务杠杆而陷入了非常被动的境地，有的甚至因此面临破产。

中国恒大（以下简称恒大）是中国房地产行业知名企业和上市公司。公司年报显示，2020 年度，恒大实现合约销售额 7232 亿元，销售面积达到 8085 万平方米；截至 2020 年年末，恒大资产总额达到 2.3 万亿元，在建开发项目数量达到 787 个，在建工程面积 1.32 亿平方米，业务覆盖国内几乎全部直辖市、省会城市及多数经济发达且有潜力的地级城市。

就是这样一家巨无霸企业，在 2021 年爆发了大规模债务危机，引发市场高度关注。实际上，早在 2020 年，恒大就被爆出商业承兑汇票兑付困难；进入 2021 年之后，又陆续出现与金融机构债务纠纷、踩中地产融资"三条红线"、商票未按时兑付、被下调信用评级等情形。2021 年 9 月，随着恒大财富理财产品无法兑现引发投资者维权，恒大的债务危机全面爆发。

债务危机发生时，恒大有几十万户已售出但尚未竣工交付的房屋。如果债务问题不能及时得到解决，企业除给购房客户及债权人带来经济损失，形成社会不稳定因素外，在更广泛层面上还可能影响市场对整个房地产行业的信心。

事实上，只要查阅一下恒大历年的财务报告就可以发现，与庞大的资产规模和业务体量相对应的，是其高额的债务规模。截至债务危机爆发的前一年，也就是2020年年末，恒大的负债总额达到了惊人的1.95万亿元，这意味着恒大实际上是用高杠杆支撑起了其巨大的业务体量。

不过我们说过，衡量一家企业财务风险不能只看负债规模本身，还要看负债的具体类型或构成。那么我们来看看恒大的负债构成情况。

截至2020年年末，恒大1.95万亿元的负债总额中，有息负债达到了7165亿元，应付账款达到8292亿元，而作为房地产企业最优质资金来源的预收房款，却只有2368亿元，占负债总额的比例仅为12.1%。同时需注意的是，恒大7165亿元有息债务中，一年内到期部分占比达到46.8%，也就是说，接近一半的有息债务需要在一年内偿还。

相比之下，同行业及同等规模企业中，万科当年的负债总额为1.52万亿元，其中有息债务仅为2612亿元，且一年内到期比例仅为32.8%，同时预收房款金额达到6307亿元，占总负债的比例为41.5%。碧桂园当年负债总额1.76万亿元，其中有息债务为3265亿元，一年内到期比例仅为29.5%，而预收房款则高达6956亿元，占总负债的比例为39.5%，如表6-3所示。

表6-3　恒大与头部企业负债情况对比（2020年年末数据）

	负债总额	其中，预售房款	预售房款占总负债比重	有息负债	有息负债一年内到期比例
恒大	1.95万亿元	1857亿元	12.1%	7165亿元	46.8%

（续表）

	负债总额	其中，预售房款	预售房款占总负债比重	有息负债	有息负债一年内到期比例
万科	1.52 万亿元	6307 亿元	41.5%	2612 亿元	32.8%
碧桂园	1.76 万亿元	6956 亿元	39.5%	3265 亿元	29.5%

数据来源：上市公司年报。

由此可见，恒大的债务结构存在明显问题。

一方面，金融性负债占比高，而经营性负债尤其是预收账款占比过低，这迫使恒大不得不大量使用有息债务。另外，应付账款虽然也属于经营性负债，但如果企业未按承诺及时履行付款义务，以至于商业信用遭到质疑，企业同样会受到较大伤害。

另一方面，金融性负债中一年内到期部分占比过高。有息债务在短期内密集到期，也是导致恒大债务危机的重要原因。设想如果恒大一年内到期的有息债务比例没有如此之高，债务到期时间较为分散，其或许也不会如此容易快速地陷入债务危机。

除此之外，恒大激进的扩张战略也是导致其债务高的原因之一。截至 2020 年年末，恒大土地储备项目为 798 个，对应规划建筑面积为 2.31 亿平方米，土地储备原值高达 4901 亿元。在市场持续向好的情况下，规模的扩张固然可以给企业带来更高的收益，一旦市场开始下行，这些土地储备及其背后的债务就可能成为企业的巨大负担。

尤其在房地产行业严格调控、市场持续低迷、金融政策持续收紧的大背景下，恒大的地产项目普遍采用降价方式吸引客户，这很可能使项目投资回报率低于融资利率，从而形成倒挂；同时，由于销售状况不佳、回款节奏放缓，项目投资回收期被拉长，投资回收期与融资期限可能出现错配。

总结起来，恒大债务危机事件给了我们以下几点重要启示。

第一，企业应当利用好经营性负债降低自身资金压力，而金融性负债占比过高会给企业带来较大的债务风险。

第二，债务期限结构应合理搭配，短期债务占比不宜过高，因为债务在短期内密集到期将给企业带来巨大资金压力，容易引发偿债危机。

第三，企业要控制利用杠杆快速扩张的欲望，不宜扩张过快、摊子铺得过大、杠杆运用的程度过高，否则一旦出现不利情形，企业将很容易陷入危机。

第 7 章

成本控制思维：如何有效实施成本控制

前面两章，我们分析了影响企业盈利能力的三大因素中的两个：周转率和财务杠杆。这一章我们来分析第三个因素：利润率。影响利润率的因素有哪些？或者说，如何提升企业的利润率水平呢？

我们知道，利润率的计算是用利润除以营业收入。要想提高利润率水平，最直接的举措无非为两点：一是提高营业收入，二是控制成本费用。

营业收入是产品价格与销量的乘积。企业当然应该提升产品销量，不过产品销量增长的同时必然伴随着成本的增加，对利润率的提升作用有限。相比而言，产品价格的变化对利润率的影响更为明显。因此，企业应当在提升产品价值与价格方面付出更多努力，尽管这并不是那么简单。

对于成本费用，企业当然应该加强控制，减少低效开支及资源浪费，但成本控制完全等同于成本削减吗？企业该如何避免陷入成本控制误区，有效实施成本控制举措呢？本章我们就来探讨这些问题。

产品价格究竟是由什么决定的

先请你来看两句话,感受一下这两个说法有没有道理。

> 一位大城市居民:"土地的价格太高了,难怪房价这么高。"
>
> 在闹市区开餐馆的老板:"这里房租这么贵,我的菜品价格不贵一点能行吗?"

你可能觉得这两句话说得有道理:土地价格高,房价肯定高;餐馆租金贵,菜品价格当然贵了。不过我们要对这些说法中的逻辑进行重新审视,它们背后的真正问题是:产品价格究竟是由什么决定的?

关于这个问题,总体上有两类不同的观点,代表了两种不同的价格形成逻辑:一种观点是"成本决定论",意思是各类生产要素的成本决定了产品价格。所谓生产要素,指的是为生产产品所发生的各类资源消耗,比如原材料、人工成本、设备折旧、能源费等。成本决定论的逻辑是,一个产品既然要赚钱,那么它的价格肯定不能低于它的成本;产品成本越高,产品的价格当然也应该越高。换句话说,是产品成本决定了产品价格。

另一种观点是"市场决定论",这个观点认为是产品的市场供需关系影响和决定了产品价格。当产品在市场上供不应求时,产品价格就会上涨;而当产品供过于求时,就会出现产能过剩,产品价格就会下降。

两种观点听起来好像都有些道理，但它们并没有逻辑上的交集。成本决定论是一种正向推导逻辑，是从产品生产环节推导至销售环节；市场决定论则是一种反向逻辑，直接从产品的市场终端进行推导。那么，到底哪种逻辑是正确的呢？

我们来分析一下本章开头那两句话。大城市居民认为是土地价格太高，导致房价居高不下；餐馆老板认为是房东收取的房租太高，导致餐馆菜品价格不得不贵。既然土地是房子的生产要素，房租是菜品的生产要素，所以这两句话的逻辑都属于成本决定论，即生产要素的成本决定了产品价格。

但仔细想想，大城市房价高的真正原因是什么呢？事实上，是由于大城市人口多，催生了较大的住房需求，同时土地资源又比较稀缺，导致了房价的上涨。设想你要出售一套二手房，现在有两个客户想买你的房子，一个客户出价 200 万元，另一个客户出价 220 万元，你会卖给谁？当然是后者。价格反映的是房子在市场上的真实供需关系，于是这套房子的价格被定在了 220 万元。

你会发现，这里面并没有涉及房子的成本问题。客户不会问你当初买这套房的成本是多少，然后在你的成本价基础上浮动一定比例给出一个价格，而是基于自身住房需求、周边市场价格、同类产品供给等因素，确定他可以接受的价格水平。这就让我们产生了一个思考：或许产品价格并不取决于成本？

让我们先看看房子和土地背后的价格逻辑。当房地产开发商发现一个城市购房需求大、房价较高，开发房地产有利可图时，他们自然会在竞拍土地时更为激进，从而拍出更高的土地价格。换句话说，只要有利润，开发商们就会把土地价格抬高到一定水平，即使最初定的起拍价并没有那么高。

再设想一下相反的情形：如果一个城市的住房需求下降，那么这个城市的房价就会下跌。此时开发商不会贸然以高价拿地，因为这样做无利可图，甚至可能产生亏损。这种情况下，土地就不得不以较低价格出售，甚至我们看到过去几年，许多城市还出现了土地流拍现象，本质上就是因为住房需求下降，开发商投资意愿降低。

真的是高地价引起了高房价吗？其实不然。正确的逻辑恰恰应该反过来：是市场对住房的需求决定了房价，而房价反过来又影响到作为生产要素的土地的价格。

餐馆的逻辑也是一样。由于闹市区人流量大，餐饮消费需求高，因此餐馆自然可以制定较高的菜品价格，同时不需要担心没有顾客上门。只要开餐馆的利润上升，就会吸引更多商家来这里开业，促使这个区域的房租价格上涨。

相反，一旦因为各种原因导致客流下降，餐馆为了吸引顾客，就会推出各种价格优惠措施，如此一来餐馆利润就会被压缩，而这时如果房租依然居高不下，餐馆将面临极大的成本压力，极端情况下甚至会因无法盈利而关门。与此同时，房东也会发现，想租他的商铺开餐馆的人变少了，并且能接受的租金价格也普遍降低了。为了能让商铺继续租出去，避免出现空铺，房东也只能降低房租。

所以你看，房租表面上是由房东定的，其实本质上是由客户和市场定的，是市场对餐饮的需求影响了菜品价格和餐馆盈利，并最终影响到房租水平。可以想见，如果开餐馆盈利变得困难，不但房租会受影响，餐馆员工工资、食材采购价格等也会受到影响，其中的逻辑是一样的。

通过上面两个例子，我们可以总结出产品价格的形成逻辑和传递机制：并非生产要素成本决定产品价格，而是市场供需关系决定了产品价格，产品价格反过来又影响了生产要素的价值。

> 企业家要有市场思维，要以市场、客户为中心，
> 而不是以自我为中心。

如何找到企业的市场生态位

明白了"市场决定价格"这个逻辑，对于我们制定产品与市场策略，有什么启示呢？对此我有两点建议。

➲ 要以市场、以客户为中心

很多企业认为自己的产品技术含量高、投入成本大，就想当然地认为市场理应接受一个更高的价格。但实际上，客户关心的并不是你的成本，他只看你的产品能

给他解决什么问题，以及解决得好不好。能解决、解决得好，客户出价自然高；解决不好，出价自然低，而如果不能解决他的问题，他压根不会要你的产品。

华为和亚马逊都是践行"以客户为中心"价值观的典型例子。任正非曾说："为客户服务是华为存在的唯一理由，客户需求是华为发展的原动力。"贝佐斯要求员工"痴迷于客户"，从客户需求出发，逆向推导出企业应该不断获得的新能力。这些领导者明智地把客户需求放在了首要位置，并在企业发展过程中长期坚持这样的理念。他们深知一个简单的道理：没有客户的支持，可能也不会有企业的成功；没有对客户需求的满足，企业的存在也失去了意义。

相反，我们也见过一些创业者，尤其是一些技术出身的创业者，在做产品时常常陷入技术的海洋之中无法自拔，却较少考虑到底能满足客户的何种需求，以及满足需求的方式是否合理，以致把创业变成了一场自娱自乐的游戏，最终被市场抛弃。

◐ 努力摆脱"军备竞赛"，找到你的市场生态位

你所在的行业是不是一个竞争特别激烈的行业？如果竞争对手降价而你不降价，你还能生存下去吗？思考一下这个问题，可以让你意识到是不是陷入了"红海"。红海市场的典型特征是玩家数量众多且竞争激烈，产品同质化程度高，几乎谁也没有自主定价权。就如同菜市场中的小商贩们，只要你的蔬菜价格比其他商家贵那么一点点，哪怕只是贵几毛、几分钱，大爷大妈们便会立刻离你而去。

相比之下，蓝海领域的典型特征是玩家数量少，有时甚至只有一个玩家。这个玩家要么拥有产品技术上的壁垒，要么是获得了某种特许经营授权，又或是因为特定地理区位等因素，导致其他玩家很难进入这个领域。当你的产品独特，市场的选择非常有限时，你自然就拥有了自主定价权，会获得这个市场的大部分红利。

当然这只是理想状况，现实中要找到并进入真正的蓝海市场，是一件难度极高的事情。况且随着信息技术的发展、物流效率的提升，一些曾经的蓝海领域也逐渐风光不再。或许可以说，商业世界中并不存在绝对的、永恒不变的蓝海市场。

但即便如此，你依然可以不断优化你的生存策略。我的建议是要努力摆脱价格军备竞赛，朝着差异化、特色化方向努力，这会让你的产品跟别人不同，你也无须参与无休止、低维度的价格竞争。

比如，同样是做手机，为什么苹果手机的价格相对高？就是因为它在产品性能、外观设计等方面的特色化，以及产品市场定位上的差异化，使它找到并占领了一个特定的市场生态位，以至于即便产品价格高昂，也依然拥有一大批"铁杆粉丝"。

在一部讲述巴菲特人生经历的纪录片《成为巴菲特》(*Becoming Warren Buffet*) 中，有这样一个情节：有一次巴菲特来到一所大学，为学生们传授他的投资智慧。到了提问环节，一位学生问巴菲特："在寻找合适的投资对象时，您最关注的指标是什么？"出人意料的是，巴菲特没有回答任何传统意义上的财务指标，而只给出了三个字：护城河。

巴菲特将企业拥有的领域独特性和对产品的自主定价权形象地比喻为企业的"护城河"。在他看来，投资一家企业要考虑的因素其实不需要很多，关键要看这家企业有没有打造起自己的护城河，以及这条河打造得够不够宽、够不够深。巴菲特说，没有形成自身护城河的企业，他基本上是不会投资的。

> 企业家最重要的职责，就是努力打造企业的"护城河"，找到属于企业自己的市场生态位。

成本控制的本质究竟是什么

销售的成功很大程度取决于市场，成本控制则主要属于企业内部管理问题。相比于提高销售收入，企业在成本控制方面能做的事情要更多。企业应该把成本控制作为一项重要的管理手段。

成本控制涉及的方面很多，具体举措也多种多样，常见做法包括：寻找合适的采购渠道及采购方式、优化产品生产工艺与流程、加强预算及精细化管理、改善业务经营模式、合理合法节约税负等。对于不同行业及企业而言，由于在行业特性、成本构成、产品定位、企业发展阶段等方面存在差异，成本控制的具体举措必然有所不同，不可一概而论。

在我看来，成本控制的本质，就是去除一切不创造价值的环节，让有限资源发挥最大价值。成本控制不是很多人认为的不让花钱，而是要确保钱花在"刀刃"上，要真正创造价值，避免低效及无效开支。

从广泛意义上讲，企业需要控制的成本，不仅指那些形成成本和费用，体现在利润表中的开支，也包括那些形成资产项目，体现在资产负债表中的开支。我们在讲资产质量和资金周转的时候说过，如果一项资产不能很好地为企业带来效益，或者变现能力差，造成大量资金占压，这样的资产便属于低效资产，会极大影响企业的资金周转效率。我们讲过如何盘活低效资产，降低它们对资金的占用，提高资产变现能力；我们还讲过 OPM 策略，即如何合理利用产业链上下游资金，形成经营性负债以降低企业资金压力。这些实际上都属于广义上的成本控制范畴。

这些道理和做法你应该已经了解，不过我们要补充强调的是，如何避免陷入成本控制误区。比如，去除不创造价值的环节说起来容易，难的是判断清楚到底哪些环节是不创造价值的。我们会不会为了削减成本，误伤了那些实际上创造价值的环节？或者说，成本控制真的等同于成本削减吗？

要合理有效实施成本控制，避免陷入认知和行动误区，企业管理者需要具备从全局看问题的思维和能力。这要求管理者把企业经营看作一个整体，从而系统性地思考问题。系统思考的基本要求，就是不要只盯着眼前单独的一个点，而要意识到更大系统的存在，并考虑到系统内各环节各要素之间的关系与影响。

企业经营就是一个典型的复杂系统，业务环节众多且彼此关联、互相影响。管理者如果没有系统思考的意识和能力，在实施成本控制时很可能做出不合理的决定和行动。比如，为达成短期利润目标而一味削减开支，做出不利于企业长远发展的短视行为；面对问题层出不穷、成本居高不下的局面，头痛医头，脚痛医脚，被动应对问题，却无法从根本上解决问题。

为了避免这些问题，我们来介绍系统思考下的两个重要视角：长远视角和上游视角。当你学会了用这些视角看问题，你的决策将更加合理，行动将更加有效。

> 成本控制的本质，就是去除一切不创造价值的环节，
>
> 让有限资源发挥最大的价值。

长远视角：如何不被短期利益绑架

企业经营的基本目标是获取利润，而成本控制又是提高利润的直接手段，但要注意的是，一些成本控制举措或许对企业实现短期利益有利，却很可能为企业长远发展带来不利影响。

比如，有的企业为了提高利润业绩，会人为削减掉一些费用开支，如研发开支。要知道，合理的研发开支是企业保持创新能力的必要条件，如果一味为了提高短期利润业绩而不合理地削减研发开支，很可能损害企业长远发展。这种行为背后

的原因，一方面可能是管理者比较短视，看不到这么做给企业带来的长远影响；另一方面，也可能是"委托—代理"关系下的激励机制使然，经理人如果不能在他的任期内完成股东要求的业绩目标，他的薪酬就会受到影响，甚至可能被解雇。

而一些具备长远视角，不为短期利益所迫的企业为我们做出了好榜样。还是拿华为举例。

多年以来，华为每年都要从营业收入中拿出 10% 以上作为研发投入，即使在个别年份营收下滑的情况下，研发投入力度也没有缩减。比如在 2021 年，华为在当年营业收入较上年下降 28.6% 的情况下，研发投入依然达到了惊人的 1427 亿元，占当年营业收入比重达到 22.4%，研发投入规模和占收入比重都达到了历史最高水平（数据来源：华为公司年报）。

这样的研发投入力度可谓罕见。设想如果华为单纯想要提高利润，最直接有效的手段之一就是削减研发开支。但可以想想，如果华为真的这么做了，结果会是什么？我们还会看到今天这样一家拥有超强自主研发能力和核心技术优势，代表中国企业形象，在全球市场乘风破浪、砥砺前行的优秀企业吗？很可能不会了。

顺便说一句，在我看来，华为这种对研发和创新的重视和持续投入，很可能也是它一直没有选择上市的考虑之一。资本市场需要上市公司定期向投资者披露财务业绩，有的甚至要求每季度都要披露，而我们知道，研发和创新是企业长期行为，其回报主要体现在企业未来较长时期的发展过程中。投资者如果过于在意企业短期业绩和股价表现，便会无形中使企业管理层的短视心理及行为加重，出现如削减关键费用开支、关闭有发展前景但尚未盈利的业务等策略，这些都对企业的长远发展不利。

除了研发开支，人工成本也是一项常见的被作为削减对象的开支。有些企业在遇到经营困难时，为了控制人工成本便会直接实施裁员等举措。这对于节省成本而言可谓效果明显，但企业管理者很可能没有想过，这样的举动会不会在其他方面以及在未来给企业带来更高的成本？

我曾经在国际四大会计师事务所之一的德勤工作过。2008 年全球金融危机时，我当时所在的德勤华永北京分所的业务也受到了较大冲击。作为一家专业服务机构，人工成本是企业最主要的成本项目，因此当时德勤的管理层曾考虑是否实施裁员，以达到降低人工成本的目的。不过他们没有贸然行事，而是多考虑了一步。

管理层当时主要考虑了两点：第一，裁员除了会导致员工失业，还可能给企业在市场口碑和形象方面带来负面影响；第二，等到金融危机过去，业务需要重新启动时，企业还要再进行人员招聘，届时除了招聘本身的成本，在员工上岗前还要发生不小的培训成本，包括时间成本和金钱成本。

综合权衡之后，德勤的管理层在裁员和不裁员之外，找到了"第三选择"：他们采取让员工休"无薪假"（Unpaid Leave）的方式，达到降低人工成本的目的。具体做法是，根据员工职级和工作安排不同，每位员工不带薪休假一到三个月，到期后视情形确定恢复还是延长；在这期间，企业仍为员工缴纳基本社会保险。

对于这样的安排，大部分员工表示理解，愿意与企业共渡难关，因此没有发生大规模人员流失。几个月后，当经济危机的影响逐渐消退，企业业务逐步恢复时，员工们第一时间回到了工作岗位。对德勤来说，它除了节省下一大笔招聘和培训费用，也保留住了一家好雇主的市场口碑。

这个案例给我们的启示是：对于成本控制一定要有全局性认知，不能只考虑眼前利益，为满足短期业绩目标而做出有损企业长远发展的举动。很多时候，局部最优不等于整体最优，短期利益也不等于长期利益。从长远视角作整体考虑，才更能做出明智合理的决策。

> 成本控制不是简单的成本削减，企业不要为了满足短期利益而做出有损长远发展的行为。

上游视角：如何让成本真正降下来

有效控制成本的另一个角度是上游视角。所谓上游视角，是指当遇到问题时，不仅仅着眼于眼前的问题，而是向"上游"进发，找出问题的根源，彻底解决问题。能让问题不再发生，才算真正降低了成本。

给大家分享一个有意思的小故事，我们看看这里面包含着什么样的解决问题的智慧。

有两个年轻人正走在一条河边，突然听到河里传来一个孩子的呼救声。不好，有孩子落水了！于是两人赶紧跳下水救孩子。由于河流比较湍急，两人费了好大力气才把孩子救上岸。正当两人准备休息一下时，河里又传来了呼救声，一看，又有一个孩子从上游漂了过来，于是两人赶紧再跳下河去救孩子。

但刚救起第二个孩子，紧接着第三个孩子又漂了过来……这时，其中一个年轻人爬上了岸，朝着上游方向走去。他的朋友不解地问道："你要去哪里？"年轻人说："我要去上游看看，到底是哪个家伙在往河里扔孩子！"

这个故事充分说明了上游视角的重要性。如果你一直在下游救孩子，你就只是在被动地应对眼前的问题，你可能累到筋疲力尽也没办法彻底解决问题。而上游视角提示我们，比问题本身更重要的，是找出导致问题发生的根源；能把根源消除，问题自然也不会再发生。这才是彻底解决问题的有效思路。

比如说，现实中许多企业经常遇到产品返修问题。遇到这种问题，很多企业的做法就是在尽可能短的时间内把产品维修好，或者尽快给客户更换新产品，企业对客服部门的考核往往也只是关注问题解决的效率以及客户满意度。可是，这样做就够了吗？

事实上，你要做的不仅仅是把产品修好并尽快交给客户，真正应该考虑的是如何让这类问题不要发生。你应该找出导致产品返修的根本原因，比如是不是产品出厂前的质检环节出了问题？是不是对工人岗前培训重视不足，培训力度不够？又或者，是不是产品的前期设计环节就存在缺陷？这些问题是不是恰恰是当初为了所谓的"控制成本"造成的？

当那个在上游往河里扔孩子的人被阳止，你也就不用在下游救孩子了。

再来看一个真实商业案例，这个案例可谓上游思维的很好体现。

亿客行（Expedia）是一家提供在线订购机票、酒店及租车等服务的互联网平台。2012 年时，公司负责人发现了一个令人不解的情形：在公司平台上进行交易的客户中，有近六成客户会在交易后拨打客服电话！系统数据显示，2012 年全年，公司在全球范围内的客服电话数量达到了惊人的 2000 万个，这大大增加了公司的服务成本。

按理说，在线平台最大的优势就是客户可以自行完成交易，那么如此高的客服电话拨打率到底是什么导致的呢？公司怎样才能解决由此带来的客服成本居高不下的问题呢？

经过调查，公司发现客户拨打电话的原因集中在几个方面，其中最主要的就是索取行程单。实际上，平台已经要求客户在提交订单前提供电子邮箱地址，以便行程单会自动发送至客户电子邮箱。但为什么有些客户会收不到行程单呢？原来，要么是客户填错了邮箱地址，要么是邮件被邮箱系统当作垃圾邮件给屏蔽了。

解决这两个问题根本不是什么难事。首先，要防止客户填错邮箱地址，只须在系统订单页面要求客户填写两遍，并且填写第二遍时不允许复制第一遍的内容，如此一来便可大幅降低输入出错率；其次，要避免邮件被屏蔽，只需跟几家主流邮箱运营商达成约定，不要将来自本公司平台的邮件自动识别为垃圾邮件即可。

就这么两个简单的、几乎没有任何成本的动作，就让亿客行随后几年的客服电话拨打率从58%降至15%，公司客服成本得到了明显控制。

你可能会想，为什么如此简单的问题，要等到情况这么严重的时候才去解决呢？这就是在"下游"行动的最大问题。原来，客服部门之前关注的主要是如何提高工作效率，比如把平均通话时间从5分钟压缩到3分钟甚至更短，这样就可以在有限时间内解决更多客户的问题。

但这样的行为治标不治本，如果不从根本上解决问题，客户的电话还是会一次次打过来。你疲于应付，问题一个接一个地发生，你一个接一个地解决。要扭转这个局面，真正需要考虑的问题应该是：如何让电话不要响起来？或者说，如何让客户的问题压根不要发生？

这种思维方式不仅适用于企业管理，也可以指导我们的生活。如果我们等生了病再去治病，即便治好了病也免不了遭罪和花钱；而在平时注重健康养生，提高身体免疫力，不让疾病找上自己，这样才是最理想的健康状态。

扁鹊跟魏文王说自己并不是最厉害的医生，他的哥哥才是，因为他自己只是在人们得了大病之后给人们治好病，而他的哥哥擅长"治未病"，能做到让人根本不会生病。治未病，也是上游思维的很好体现。

所以说，我们不应该只是停留在问题本身，而应该去往上游找到问题的源头，从根本上解决它。而且很多时候你会发现，消除问题源头所花费的成本，比处理问题本身的成本要低得多。请记住，解决问题最好的方法，就是不要让问题发生。

> 与其在下游被动应付问题，不如从上游彻底解决问题。
> 解决问题的最好方法，就是不要让问题发生。

本章总结

第一，产品价格并非由生产要素成本决定，而是由产品的市场供需关系决定。正确的价格形成逻辑是：市场供需关系决定产品价格，产品价格反过来又影响生产要素价值。

第二，企业要提高产品价值，就应当以市场和客户为中心，而不是以自我为中心。增强产品特色化和差异化，尽量远离价格"军备竞赛"。努力打造企业的"护城河"，找到属于自己的市场生态位。

第三，成本控制的本质，就是去除一切不创造价值的环节，让有限资源发挥最大价值。成本控制不是简单的成本削减。要有效控制成本，管理者应当从全局出发，把企业经营看作一个整体，系统性地思考与决策。

第四，系统思考要求管理者具备长远视角，警惕为满足短期利益而做出有损企业长远发展的举措，管理者的每一个行为都应该考虑更广泛、更长远的影响。

第五，上游视角也是系统思考的体现。与其在下游被动应付问题，不如到上游找出并消除问题发生的根源。解决问题的最好方法，就是不要让问题发生。

思考题

你的企业中有哪些对企业长远发展有利、不能被轻易削减的成本？又有哪些不创造价值、确实需要控制和削减的成本？你是如何实施成本控制举措的？

第 8 章

机会成本思维:
什么是一项决策真正的成本

企业管理者最重要的职责，就是做出明智合理的决策。做决策的本质是"做正确的事"，其重要性远高于执行力。决策一旦出现问题，执行力再强也失去了意义。现代管理学之父彼得·德鲁克（Peter Drucker）曾说："世界上最没有效率的事情，就是以极高的效率去做一件根本不值得做的事。"

很多人认为做决策就是回答"是或否"，比如"这件事要不要做""这个项目投还是不投"。实际上，如果只盯着眼前的局面，忽视了那些潜在的选项和机会，那么无论分析过程多么细致、分析逻辑多么严密，最终的决策结果都可能是不合理的。

明智的决策者把决策从判断题转换为选择题，他们善于看到更多选项的存在，并在此基础上做出有利选择。当你能看到那些潜在的机会和可能性，意识到选择背后的成本和代价，你的决策结果自然会更合理。

什么是一项决策背后真正的成本？决策视角下的成本跟会计中的成本有何不同？这种成本如何衡量，又由谁决定？本章我们就来探讨这些问题。

在做出一项决策时，你放弃了什么

上一章我们刚刚讲完成本控制，所以对于成本这个概念你应该不陌生了。不过在本章我们要换个视角对成本进行审视，看看能得到什么样的新认知、新启示。

我们知道，在会计上，成本是指企业为生产产品或提供服务所发生的各类资源消耗，比如原材料成本、设备成本、人工成本等。会计学中的成本属于历史成本的概念，代表的是实际已经发生的成本。会计学对成本进行核算，目的是记录与反映已经发生的成本开支。

与会计核算关注历史成本不同，决策的视角不是看过去，而是看未来。过去发生了什么不重要，重要的是未来会发生什么。在决策视角下，成本指的是将资源投入特定用途，而放弃投入其他用途或机会所放弃的收益。这个放弃的收益，就是你做出一项决策的成本，我们称之为机会成本。

换句话说，机会成本对应的是那些没有发生的、被放弃的潜在可能性。为什么要关注没有发生的事情呢？因为这可以让我们意识到，在做出一项决定的同时，我们放弃了什么。只有意识到所放弃的东西，我们的考虑才是充分的，我们的决策才是更合理的。

那么为什么会存在机会成本呢？根本原因在于资源的稀缺性。这个世界上的任何资源——金钱、时间、空间、岗位以及感情——都是有限和稀缺的。当我们将一份稀缺的资源投入到特定用途时，就不可能再将这份资源投入其他用途了，这就使我们在做出任何决定的同时，必然放弃了某种潜在收益。

举例说，假如我有 100 万元资金，当我决定把这 100 万元全部投资一家新企业时，就不可能再将这笔资金投入别的地方了。鉴于这笔资金的稀缺性，我投资这家企业的机会成本，就是我放弃投资其他机会所能获得的潜在收益。

至于所放弃的机会是什么，或者有哪些可能性，需要视具体情境而定。比如，如果这笔钱本来就是你的闲散资金，那么你原本可以用来购买银行理财产品赚取收益；如果这笔钱是你从银行借来的，那么如果你不投资这家企业，你至少可以不用借这笔钱，从而省下不必要的利息。

很多人觉得租房的成本很高，比如你在一线城市租了一套 100 平方米的房子，每个月租金 1 万元。你每个月看着这 1 万元流入房东口袋，心里有些不是滋味，于是你决心自己买一套房子。假设你花 800 万元全款买下了这套房子，从此以后你不用负担房租了，但是请你认真想想，你的住房成本真的因此降低了吗？

我这里说的成本，指的不是你买房后的物业费、装修费这些有形成本，而是指买房这件事的机会成本。假设这 800 万元你没有用来买房，而是用来购买了年利率为 3% 的理财产品，那么你每年的利息收入就是 24 万元，算到每月就是 2 万元，这可比你租房的成本高多了。从这个角度说，你的住房成本非但没有降低，反而大大增高了。

当然了，我不是在为是否应该买房提建议，因为买房是一件需要综合多方面因素考虑的事情。我们只是想说，做任何决策，都不应当仅仅考虑眼前或表面的成本，还要考虑机会成本。

有时机会成本不仅仅体现为金钱成本，还可能包括其他维度的成本，比如时间成本、身心健康成本等。一个上班族为了节省房租，在距离单位很远的郊区租房，表面看房租开销确实节省了，但每天花费在上下班路上的时间大大延长，这算不算成本？再比如，有人为了省钱，就去一些卫生条件很差的饭馆吃饭，虽然看似省了钱，但如果他吃坏了肚子，损害了健康，难道不是又付出了其他成本吗？

因此，我们在做任何事情的时候，都不要只考虑金钱上的成本，还应当考虑那些无法用金钱衡量的成本，它们也属于机会成本的范畴。

> 在做出一项决策时，你放弃了什么？
> 思考这个问题能让你的决策更合理。

如何考虑决策中的机会成本

对于一项决策而言，机会成本才是真正的成本。那么在企业经营和投资过程中，我们应该如何考虑决策的机会成本，从而让决策结果更合理呢？

老张是北京一家连锁餐饮企业老板，生意已拓展至北京各主要商圈。其中望京店面积较大，根据部分客户建议，老张正考虑将该店其中一间餐饮包间改造成 KTV 包间，以满足客户多元化消费需求。改造 KTV 包间当然需要一定的投入，这项服务也会单独收费。对于这项决策，老张该如何考虑呢？

很多人可能会这么考虑：首先，预估 KTV 服务的客流量和收费标准，测算出这项服务可以产生的收入；其次，预估各类成本费用，包括设备购置成本、人工成本、场地费、水电费等；最后，用收入减掉各项成本费用，看看这项服务最终是否有盈利，有盈利就做，没有盈利就不做。

这个决策思路本质上是一种会计思维。而如果从机会成本角度看，这个决策思路是有问题的。你真正需要对比的，不是 KTV 业务本身的收入和成本费用，而是看改造成 KTV 包间将产生的收益和依然用作餐饮包间获得的收益相比，哪个更高。假如这间餐饮包间每天接待顾客很多，给你带来的收益非常可观，那么你改造成 KTV 的成本就很高；而如果这间包间平时就没什么顾客，甚至一个星期也就被用一两次，那么你的改造成本就很低。这才是正确合理的决策思路。

机会成本说起来容易，但要真正意识到机会成本的存在，并很好地运用于我们的决策，并不是一件容易的事。因为机会成本对应的是那些没有真正发生的潜在机会，它需要你能"看到"这些机会，并且将眼前的选择和这些潜在机会进行对比权衡。

不幸的是，我们大脑的一个特性就是倾向于关注眼前看得见的具体事物，却对那些没有发生、需要靠思考才能意识到的事情缺乏感知。大家不妨做做下面这个小测试，我在课堂上曾多次让学员们做这个测试，结果很有意思。

某天你在逛街时路过一家电影院，发现新上映一部影片，主演是你非常喜欢的明星，剧情也是你很喜欢的类型，票价为 60 元。请问你要不要看这部影片？

A. 看这部影片

B. 不看这部影片

课堂调查显示，有大约 60% 的学员会选择看这部影片。这可以理解，毕竟是部不错的电影嘛！但紧接着，我会对选项 B 做一点补充，但并不改变其原来的意思。

A. 看这部影片

B. 不看这部影片，将 60 元用于购买其他东西

你发现了，我只是在 B 选项后面加了一句话，不过这句话看上去没有说的必要，因为谁都知道省下来的钱当然可以用来买其他东西。但神奇的是，就是这么一点微小的描述上的补充，却让选择看电影的人数降到 50% 以下。

在我只给出"看"或"不看"的选择时，学员们只是在针对眼前这个局面进行判断；而当我提示他们，省下来的钱可以去买其他东西时，他们的意识仿佛突然被激发，视野也一下子扩大了。这说明在默认模式下，我们的大脑并不会本能地意识到机会成本的存在。

再来看看美国前总统艾森豪威尔在 1953 年发表过的一段演讲，也很好地体现了机会成本思维：

"制造一架现代重型轰炸机所花费的成本，相当于为 30 多个城市建设现代化砖房学校，为两个各为 6 万人口的小镇建设提供电力的发电厂，建设两个设备齐全的现代化医院或者一条 80 公里长的混凝土公路，我们为制造一架战斗机需要付出 50 万蒲式耳① 小麦的代价。一艘驱逐舰的价值则相当于可供 8000 人居住的新房子。"

艾森豪威尔这番话是为了说明战争需要付出高昂的代价，他并没有提及任何具体金额，而是通过说明用同样的金钱能完成建造的基础设施，也就是战争的机会成本，来让人们意识到战争的代价到底有多高。

总之，如果我们在做决策时能多思考一下，在做这件事情的同时放弃了什么，我们所使用的资源还有哪些更好的运用渠道，这样也许能做出更合理的决策。

> 做任何事情不要只盯着金钱，
> 还要考虑那些无法用金钱衡量的成本。

---

① 英美容量单位，在美国 1 蒲式耳相当于 35.238 升，1 蒲式耳小麦的重量为 27.216 千克。——编者注

机会成本有客观数值吗

机会成本是没有发生的潜在机会的收益，那么机会成本有没有一个客观、固定的数值呢？答案是并没有，它因人而异、因情境而异，这也是机会成本与会计成本的一大区别。

首先，对于不同人而言，做同一件事情的机会成本可能是完全不同的。在课堂上，我经常在讲到机会成本的时候问学员们："你们今天来听我的课，每个人的成本是一样的吗？"请注意，我并不是在问每个学员花费的培训费或差旅费是否相同，因为这些都是会计上的成本，而是提示他们思考，他们每个人为了参加培训所放弃的事情，以及这些事情的潜在价值是什么。很显然，每个人的成本几乎都是不同的。

同理，在投资过程中，对于不同投资者而言，即使投资同样的项目，他们的机会成本也可能是不同的，因为他们放弃的东西并不相同。比如，有的人十分看好这个项目，放弃了其他收益不错的投资机会；有的人用的是没有特定用途的闲散资金投资，因此并没有放弃太多，最多就是放弃了一点存款利息。

而如果投资者用于投资的资金是通过融资获得的，那么他至少可以将融资成本作为这项投资的机会成本，而由于不同投资者的融资成本可能各不相同，他们进行投资的机会成本自然也不同。

其次，即便对同一人而言，所处的不同情境也会带来不同的机会成本。假如你今天没有什么其他重要事情要做，那么你来参加培训的成本就很低；而假如今天你本来有个重要客户要来拜访你，并且跟你达成合作的可能性很大，但你还是放弃了跟他会面的机会，那么你来参加培训的成本就很高。

同样道理，对于同一笔投资资金，投资的时期或地域不同，投资的机会成本也不会相同。在经济活跃时期，或者在经济较为发达地区投资，有大把的好项目、好机会等着你，你投资任何一个项目的机会成本都会比较高，你自然想获得更高的投资回报；相反，在经济低迷时期或者在经济落后地区投资，由于没有太多好机会可供选择，投资的机会成本自然就比较低，你的回报预期也会相应降低。

通过上面的分析可以看出来，机会成本其实并不是由你自己决定的，而是由外界决定的。当外界因素发生变化，即使你的行为没有任何变化，你的机会成本也会发生改变。

我曾经在一家以房地产开发为主业的上市公司工作。这家公司并不只是开发传统住宅项目，还同时开展与业主生活相关的医疗、养老、教育等配套服务业务。

有一年，公司计划开设一家养老服务机构，为年长的业主提供健康养老服务。当时公司旗下一个项目正好拥有部分存量物业，这部分物业根据政府要求不能对外销售，只能由公司自行持有经营或出租。公司打算使用这部分存量物业开设养老机构，但在进行养老机构项目决策研讨时，对于机构运营中的场地成本该如何确定，大家的意见出现了分歧。

有人认为，这些物业属于公司固定资产，应该将资产折旧作为养老机构场地成本；有人说，既然存量物业是公司已经拥有的，不需额外付出代价获取，那开设养老机构就不需再考虑场地成本；还有人说，应该视同内部租赁行为，按照特定价格计算租金成本。究竟哪个说法更有道理呢？

实际上，要合理确定养老机构的场地成本，关键要看这部分存量物业如果不用于开设养老机构，而用作其他用途，比如出租给外部客户，能给公司带来多少收益。养老机构的场地成本，就是放弃将物业对外出租所损失的收益。假如出租市场火热，租金水平较高，那么养老机构应承担的场地成本当然就比较高；而如果出租市场低迷，租金水平较低，那么养老机构的场地成本也就比较低。

在这个案例中，无论是认为应该将物业折旧作为养老机构场地成本，还是认为不需要承担任何场地成本，对于决策而言都是不合理的，因为没有考虑物业的机会成本。正确的做法应该是参考物业所处的外部市场环境，考虑潜在的机会成本，从而合理确定养老机构应承担的成本。

这也再次说明，机会成本是由外界决定的。而既然外界因素并非固定不变的，机会成本也就并没有一个固定不变的数值。

> 普通人只看到眼前的局面，高手看到局面背后的多种可能性。

如何警惕沉没成本对决策的干扰

说到机会成本，就必须说说与机会成本相对应的一个概念：沉没成本。不同于我们在决策时必须要考虑机会成本，对于沉没成本，我们需要警惕它对决策的干扰。

我们已经知道，机会成本对应的是那些没有发生，但对决策有着重要影响的事项；而沉没成本恰恰反过来，是那些已经实际发生，却对未来决策没有任何影响的事项。"沉没"这个说法是一个非常形象的比喻，它是在提醒我们，以前发生的都已经沉没、已经过去了，该翻篇了，该往前看了。

我们来看几个场景。

你去电影院观看一部新上映的影片，看了大约一刻钟后，你感觉这部片子拍得很烂，情节也不是自己想看的。但是电影票已经买了不能退，这时你会做何选择呢？是舍不得浪费票款继续看完，还是宁愿损失票款，转身离开呢？

如果你为了不损失票款而选择继续看完，那么你就已经"成功"地被沉没成本干扰了。理性的选择是果断离开，因为已经花掉的票款属于沉没成本，它对你未来的决策事实上已经没有任何影响；而且如果选择继续看下去，你还要付出更多的时间成本，在这段时间里你还可以做很多其他事情。

你的公司花了几十万元推广一种新产品，但几个月过去了，新产品销量依然没有起色。接下来你会怎么做呢？是继续实施原先的推广策略，还是宁愿让过去的投入打水漂，去寻找新的策略？

如果你不愿接受那几十万元投入没有发挥预期效用的事实，选择继续实施原先的策略，那么你也是掉进了沉没成本的陷阱。理性的选择是接受事实、果断止损，及时寻找新的推广策略。

你可能感觉在情感上很难摆脱沉没成本的干扰，这很正常，因为我们的心理有一种保持一贯性的倾向，改变了选择就相当于承认自己过去做错了。这确实让人有些难受，但要想做出明智的决定，你需要对抗这种情绪感受。

在企业经营过程中，一些成本项目尽管在会计上体现为成本，但在决策视角下，它们属于不相关的信息。要做出准确决策，你就不应当考虑它们。

为了提高产品多样性，老张的餐馆开始自制一种饮料产品，并且已经购入一套专用设备用于生产该产品。该设备价值为 1.2 万元，使用寿命内预计可生产 2 万瓶饮料产品。经过测算，每瓶产品的总生产成本为 4.4 元，其中包括：

- 原料及包装成本：2 元 / 瓶；
- 计件人工成本：1.8 元 / 瓶；
- 设备成本：0.6 元 / 瓶（1.2 万元 ÷2 万瓶）。

这天，一家代加工企业发来合作意向，愿意为老张餐馆加工相同品质和规格的饮料产品，报价为每瓶4.15元。那么，老张是否应该接受该公司的合作意向呢？

这是一个典型的自制或外包决策问题。决策思路说起来并不复杂：既然产品品质及规格都一样，那么你无非就是比较两种方案下的成本，然后选择成本较低的方案。在自制方案下，每瓶饮料的成本是4.4元，而外包方案则是4.15元。这样看来，外包方案似乎更具成本优势。但仔细考虑一下，真的是这样吗？这个决策方法有什么问题吗？

实际上，你需要对比的应该是两个方案下的边际成本，而不是各自的总成本。所谓边际成本，是指每多生产一个单位产品，需要额外付出的成本。这里的关键是，沉没成本往往不属于边际成本。

我们看一下自制方案下的产品成本构成，会发现这里面隐藏着一项沉没成本：设备成本。既然设备已经买入，而且专门用于生产该产品，因此设备成本不会因产品产量的变化而变化，因此不构成产品的边际成本，不应当作为决策考虑因素。在这个思路下，自制方案下每瓶产品的边际成本仅为3.8元，而外包方案的边际成本就是合作方的报价4.15元，因此不宜选择外包方案。

在会计上，沉没成本属于已经发生的成本，会计人员必须及时准确记录；但在决策视角下，沉没成本不能算作成本，不属于决策应当考虑的因素。之所以有这样的区别，就在于会计是"向后看"，而决策是"向前看"。对决策而言，过去已经付出了什么不重要，重要的是你对未来的评估，不要让沉没成本成为决策的绊脚石。

> 决策视角是向前看，不要让沉没成本成为决策的绊脚石。

经济利润：怎样才算真正为股东创造价值

说回机会成本。机会成本思维除了可以帮助我们合理决策，还可以让我们对一项业务的绩效做出更客观的评价。在这里我们要介绍一对概念：会计利润与经济利润。

来看看开餐馆的老张遇到的一个场景。

临近年底，某分店的经理跑过来跟老张说："老板，过去这一年，我管理的店给你创造了 10% 的投资回报率，你应该好好奖励一下付出辛劳的我们。"听了这位经理的话，老张应该怎么考虑呢？他到底应不应该奖励这位经理和他的团队呢？

请注意，这位经理说的 10% 投资回报率，实际上属于会计利润的概念。所谓会计利润，就是指通过企业的会计报表可以计算得出的利润，它是站在企业的视角来衡量一项业务的回报率。不过作为老板、作为股东，只看企业层面的回报率还不够，你还应该在这个基础上多思考一步：我期望的投资回报率是多少呢？

你期望的投资回报率，实际上就是你投资这家店的机会成本。因为如果你把资金投入其他投资机会，也会给你带来一定水平的回报，而只有当这家店的回报超过其他投资机会的回报时，这家店才算真正为你创造了价值。而如果你的钱是从银行借来的，那么这家店的回报至少应该覆盖你所承担的利息成本，否则还不如不做这项投资。

这就引出了经济利润的概念。所谓经济利润，就是在会计利润基础上，考虑所投入资本的机会成本后得出的利润，公式表示如下。

经济利润 = 会计利润 - 股东投入资本的机会成本

经济利润可以衡量一项投资是否真正为股东创造了价值，因此属于股东视角下的业绩评价指标。经济利润和会计利润的根本区别，就在于是否考虑投入资本的机会成本。

因此，在前面的场景中，老张不能简单地根据会计利润来决定是否奖励这位经理，而是要考虑投资的机会成本，计算出这家店的经济利润。只有经济利润大于零，才能说这位经理为股东创造了正向经济价值。

在实践中，经济利润指标也得到了越来越广泛的应用。国资委从 2010 年开始，将经济增加值（Economic Value Added，EVA）作为中央企业负责人的绩效考核指标之一。经济增加值是经济利润的一种形式。国资委采用的经济增加值指标，是在企业会计利润基础上，对利息费用、研发费用、非经常性损益等特别项目进行适当调整后，再减去投资的资本成本得出。其中，对于资本成本，国资委根据中央企业所处行业特性及市场竞争程度不同，对投入资本赋予了不同的资本成本率。具体计算细节在此不予赘述，感兴趣的读者可以自行查阅相关资料。

采用经济利润作为业绩评价指标，一方面，可以将业务取得的收益与所承担的风险相匹配，让经理人更多意识到取得特定收益所承担的风险；另一方面，也可以使经理人利益与股东利益保持更高的一致性，降低委托代理问题的影响。

> 判断一项业务是否真正为股东创造了价值，
>
> 必须考虑股东投入资本的机会成本。

本章总结

第一，与会计视角下的成本概念不同，决策视角下的成本更多是指机会成本，也就是将资源投入特定用途，而放弃投入其他用途或机会所能获得的潜在收益。要做出更合理的决策，你需要考虑自己放弃了什么，以及这些所放弃事情的价值。

第二，机会成本没有客观固定的数值，它因人而异，也因情境而异。机会成本不是由你自己决定的，而是由外部环境因素决定的。在投资过程中，如果投资资金来自外部融资，那么至少可以将融资成本作为投资的机会成本。

第三，沉没成本是指那些过去已经发生，但对未来决策没有任何影响的成本。人们很容易被沉没成本干扰，但决策需要向前看，沉没成本不应成为决策考虑因素。

第四，要客观评价一项业务的绩效，不能只看会计利润，更重要的是看经济利润，也就是考虑所投入资本的机会成本后的收益。只有经济利润大于零，这项业务才算真正为股东创造了价值。

思考题

你的企业在进行投资决策时，有没有考虑机会成本？从经济利润角度，你的企业是否为股东创造了正向价值？

第 9 章

时间价值思维：
如何将时间维度纳入决策考量

在企业投资过程中，如果投资项目周期比较长，我们在评估项目投资价值时，就不能不考虑时间因素的影响。除了关注项目产生的收益总额，我们还应关注收益在项目投资周期内的时间分布情况。收益总额体现的是项目能实现多少收益，而收益的时间分布可以让我们了解何时能实现这些收益。

在比较不同项目的投资价值时，即使收益总额相当的项目，也会因收益的时间分布不同而具备不同的投资价值。有些时候，时间考量甚至要高于收益考量，比如很多企业会将投资回收期作为衡量项目投资价值的重要参考指标，尽管投资回收期本身不能完全体现项目收益情况。

为什么时间因素如此重要？时间为什么会影响价值？如何将时间维度纳入决策考量？本章我们就来探讨这些问题。

时间价值的本质是什么

如果让你在今天的一元钱和明天的一元钱之间做选择，你会选择哪个？答案似乎显而易见，当然是选今天的一元钱。这个选择没有问题，但是你有没有想过，这背后的道理或逻辑到底是什么？

再比如，对大多数人而言，把钱存入银行其实更多是出于安全性考虑，而不是为了赚取存款利息。但为什么银行一定要给我们利息呢？另外，对于银行而言，为什么发放贷款要收取利息，而且时间越长利息就越高？利息的本质，究竟是什么呢？

这些场景似乎司空见惯，其实都隐含资金时间价值的逻辑。什么是时间价值呢？它是相对于资金的内在价值而言的。比方说你有 100 元钱，它的内在价值就是 100 元，这是一个静态视角；从动态视角来看，如果你把这 100 元钱存入银行，随着时间的推移，它就会产生一定的增值，比方说一年以后变成了 103 元，多的 3 元，就是这 100 元的时间价值。

为什么时间会带来价值呢？根本原因在于未来存在不确定性。如果你有一笔钱，但你放弃了在当下消费这笔钱的权利，转而用它进行投资，那么你实际上就承担了未来的不确定性，因为谁也不知道未来会发生什么。

而时间价值的本质，就是对承担这种不确定性的补偿。让一个人白白承担不确定性是不合理的，他应该为此得到一定的补偿，而且他承担的不确定性越大，理应得到的补偿也越高。

这也正是利息的本质。对存款人而言，即使是把钱存入银行这样安全的地方，他也是承担了一定的不确定性，只不过这种不确定性较低，因此得到的补偿也较低；而如果他拿这笔钱去投资股票，他所承担的不确定性和预期补偿就完全不一样了。

同样，对于银行而言，放贷本身就是一种投资行为，银行在这个过程中当然承担了不确定性，因此要收取一定的补偿；而且时间越长，这种不确定性程度就会越高，因此就要收取更高的补偿。

我们经常说"时间就是金钱"，主要是用来说明时间的宝贵性。如果用在企业经营及投资上面，这句话依然成立，只是它的意思变成了"时间可以带来价值"。

资金时间价值在企业经营很多方面都能得以体现，比如当企业向客户销售产品时，如果客户在收到产品当时就结算而不是赊账，企业就可以给予一定的价格折扣，这个折扣本身就是时间价值的体现；如果客户愿意提前支付货款，企业给予的折扣力度可能更大。

同理，如果企业向供应商要求更长的付款账期，供应商就可能提出一定的价格涨幅，因为他承担了更大的不确定性。这些现象背后，都隐含着时间价值的逻辑。

从某种意义上说，时间就等于不确定性，或者说，时间必然带来不确定性。承担不确定性就应该得到补偿，这就是时间价值的来源。

> 时间必然带来不确定性。时间价值的本质，
> 就是对承担不确定性的补偿。

影响资金时间价值的因素有哪些

理解了时间价值的本质，我们不禁要问，哪些因素会影响资金的时间价值呢？

正常来说，我们在说到资金时间价值的时候是一种正向逻辑，也就是今天一定金额的资金，在经过一段时间之后，会变成多少金额。不过这个逻辑也可以反过来，未来某个时间一定金额的资金，折合到今天，相当于多少金额。

这种反向逻辑在我们进行项目投资决策时会更常用到。你对项目未来的收益进行了预估，但由于未来存在不确定性，考虑获得收益的同时所承担的风险，你需要把这些未来的收益折合到当下，看看消除不确定性后的样子，以此来评估项目投资价值。

这就引出了跟时间价值有关的几个重要概念。

第一个概念叫作"现值"，也就是"现在的价值"的意思。假如有一个投资项目，预计一年后会产生100元收益，那么考虑到时间价值，一年后的100元跟现在的100元并不是等价的，它可能只相当于现在的95元。这个95元，就是这一年后100元收益的现值。至于它到底相当于现在的多少钱，我们稍后加以说明。

第二个概念叫作"折现"，也就是"折合到现在"的意思。刚才说的把一年后的100元折合成现在的95元，这个动作就是折现的过程。未来距离现在的时间越长，折现的影响就越大，现值就越低。你可以设想一下，如果这个项目在两年后又会产生100元的收益，那么两年后的100元折合到现在，当然会变得更少，比方说只相当于现在的92元。

在考虑时间价值的情况下，只有将项目未来各年收益都折合到现在，我们才能更客观地评估项目的盈利能力。如图9-1所示。

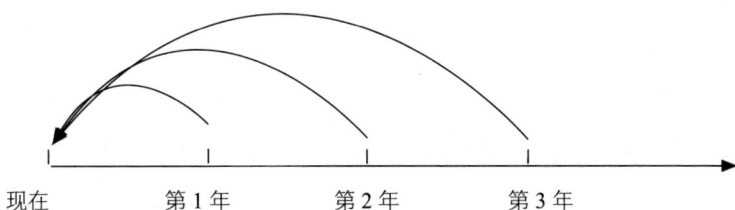

图9-1　折现就是将未来收益"折合到现在"的过程

第三个概念叫作"折现率"，它是折现力度的体现。有了折现率，我们才能具体确定未来的某项收益究竟相当于现在的多少钱。折现率与收益的现值成反比：折现率越高，折现力度越大，收益的现值就越低。

假如折现率是 5%，那么一年后 100 元的现值就是 95.24 元［100÷（1+5%）］；如果折现率是 7%，现值就是 93.46 元［100÷（1+7%）］。

那么折现率究竟是多少，该如何确定呢？这里我们要想明白折现这件事的目的。回顾一下时间价值的本质，它是对承担不确定性的补偿。那么在你进行投资并承担不确定性的过程中，你需要得到多大程度的补偿？这个补偿，就是未来的收益和其现值之间的差额。而影响这个差额大小的，除了折现时间，就是折现率。

事实上，折现率就是你对一项投资的期望回报率，也就是你期望从这项投资中获得的回报率。这个期望回报率因人而异，也因具体投资项目而异，并没有一个客观固定的数值。

举个例子，有人请你和我一起去投资一个项目，每人投资 50 万元。假如 50 万元对你来说只是九牛一毛，平时这笔钱也只是被放在银行赚利息，那么你觉得只要这项投资的回报能超过银行利息就可以接受。但对我而言，假如这 50 万元是我的大部分财富，那么投资这个项目对我来说就是承担了很大风险，因为投资失败对我的影响将非常大。所以如果要投资，我自然会期望一个更高的回报率。

所以说，对于同一项投资，不同人的期望回报是不同的，因此每个人在评估项目投资价值时使用的折现率必然也是不同的。实际上，期望回报率就是资金的机会成本。我们在讲机会成本的时候说过，做同一件事情，不同人的机会成本是不同的，因此他们的期望回报率当然也是不同的。

另外，即便对同一人而言，所投资的具体项目不同，期望回报率也会有差异，因为期望回报率还跟项目的风险程度有关。买银行理财产品和买股票，二者的风险程度相去甚远，所期望的回报率当然也不一样。

理解了这些概念，我们就可以明白，时间价值与时间长度和折现率密切相关。未来距离现在的时间越长，时间价值的影响就越大；而折现率对应的是你的期望回报率，未来的不确定性越大，你的期望回报和折现率就越高，时间价值的影响也越大。

> 时间价值与时间长度和折现率有关。折现率代表你对一项投资的期望回报率，也就是投资的机会成本。

时间维度考量如何影响投资决策

理解了现值、折现、折现率这些概念，我们就可以将时间维度纳入投资决策考量了。我们要介绍两个在考虑时间价值基础上评价项目投资价值的常用指标：净现值和内部收益率。

➲ 净现值

对于长期项目而言，考虑时间价值，我们在进行收益测算时，不应只是将估算的各期净收益进行简单的算术加总，得出项目收益总额；而应该先将各期净收益进行折现，再将各期收益折现值加总，得出折现后的项目收益。这样我们就考虑了项目在取得收益的同时所承担的代价与风险，从而可以更合理地评价项目盈利能力和投资价值。

上面说的"折现后的项目收益"，财务上称之为"净现值"（Net Present Value，NPV）。净现值是评价项目投资价值的重要指标，代表的是一个投资项目在考虑资金时间价值下可以获得的净收益。一个项目只有净现值大于零，才可以说这个项目在财务上具备投资价值。

假设你公司正在进行一个建设项目（A 项目）的投资决策。整个项目周期分为投建期和运营期，其中投建期为 1 年，运营期为 4 年。经合理估算，项目投建期支出为 1200 万元，四年运营期内每年的净收益分别为 200 万元、300 万元、400 万元和 500 万元。

如果不考虑时间价值，只是将投建期和运营期各年净收益进行简单算术加总，你可以计算出 A 项目的整体净收益是 200 万元（−1200+200+300+400+500），如表 9–1 所示。

表 9-1　A 项目不考虑时间价值情形下的净收益测算

单位：万元

	投建期	运营期			
		第一年	第二年	第三年	第四年
收益（支出）	−1200	200	300	400	500
项目净收益		200			

200 万元的净收益，貌似还不错，至少是个正收益结果。但如果你因此说这个项目可以投资，那你就过早下结论了，因为这个净收益只是个静态指标，你没有考虑实现收益的时间分布，自然也就没有考虑时间价值对收益结果的影响。

那我们接着看，在考虑时间价值情况下，这个投资项目的价值究竟如何。假设你公司用于该项目投资的资金成本为 7%，这意味着你可以用 7% 作为折现率，如表 9-2 所示。

表 9-2　A 项目考虑时间价值情形下的净现值测算（折现率：7%）

单位：万元

	投建期	运营期			
		第一年	第二年	第三年	第四年
收益（支出）	−1200	200	300	400	500
折现率		7%			
折现后收益	−1200	186.92	262.03	326.52	381.45
项目净现值		−43.08			

可以看到，在考虑时间价值的情况下，A 项目的净现值不再是 200 万元，而变成 –43.08 万元。净现值小于零，说明项目在财务层面不具备投资价值。

从这个例子可以看到，只看项目收益金额是不够的，我们必须结合收益的实现时间，考虑时间价值的影响，才能得出合理的决策结论。可以想见，即使是两个收益总额完全相同的项目，如果实现收益的时间分布不同，那么它们的净现值也不会相同。

假如存在一个与上述 A 项目整体收益总额完全相同，但收益实现时间分布不同的 B 项目。B 项目投建期支出与 A 项目相同，但四年运营期的净收益分别为 500 万元、400 万元、300 万元和 200 万元。仍然使用 7% 的折现率，我们可以计算一下 B 项目的净现值，如表 9–3 所示。

表9-3　收益总额相同但时间分布不同的 B 项目的净现值测算

单位：万元

	投建期	运营期			
		第一年	第二年	第三年	第四年
收益（支出）	–1200	500	400	300	200
折现率			7%		
折现后收益	–1200	467.29	349.38	244.89	152.58
项目净现值			14.14		

可以看到，B 项目的净现值为 14.14 万元。净现值大于零，说明项目具备财务上的投资价值。

请注意，一个项目是否有投资价值，并没有绝对客观的结论。换句话说，同样的项目，对不同投资者而言，是否值得投资的结论可能完全不同。在其中起关键影响作用的，就是折现率。

前面我们说过，折现率代表的是你的期望投资回报率，它是一个因人而异的主观性指标。在刚才的例子中，假如另一家公司也在评估同样的 A 项目，与你公司不同的是，这家公司的资金成本不是 7%，而是 5%，那么我们来看看这家公司计算得出的项目净现值，如表 9–4 所示。

表 9–4　A 项目考虑时间价值情形下的净现值测算（折现率：5%）

单位：万元

	投建期	运营期			
		第一年	第二年	第三年	第四年
收益（支出）	−1200	200	300	400	500
折现率			5%		
折现后收益	−1200	190.48	272.11	345.54	411.35
项目净现值			19.48		

这家公司计算得出的 A 项目净现值为 19.48 万元。净现值大于零，说明该项目对这家公司而言具备投资价值。

刚才这个例子，我们只是在针对特定项目进行投资价值判断。如果你是在多个较为相似的投资项目之间进行选择，第一步就是先确定各个目标项目是否满足基本的投资前提，也就是净现值大于零；在满足这个基本前提的情况下，再在多个项目之间进行比较，从中选择净现值较高的项目。

➲ 内部收益率

另一个评价项目投资价值的指标是内部收益率（Internal Rate of Return，IRR），它代表的是使项目净现值等于零所使用的折现率。这个概念有点不太容易理解，它并不是指真的把一个项目的净现值变成零，而是说明如果要得出项目净现值为零的结果，我们需要使用多高的折现率来计算。

可以想见，如果项目总体收益水平较高，那么要想得到净现值为零的结果，我们就需要使用一个较高的折现率。因此，项目的内部收益率越高，该项目的盈利性就越高。内部收益率其实反映项目可以给我们带来的投资回报水平。一个项目只有内部收益率高于期望投资回报率，该项目才具备财务上的投资价值。

沿用刚才的例子，我们来测算一下 A 项目的内部收益率。经过前面的计算我们已经知道，在折现率为 7% 的情况下，项目净现值为 -43.08 万元；在折现率为 5% 的情况下，项目净现值为 19.48 万元。那么我们可以得知，要得出项目净现值为零的结果，我们需要使用的折现率必然在 5% 和 7% 之间。

经过测算，当折现率为 5.61% 时，项目净现值已基本接近于零，因此我们大体可以说该项目的内部收益率为 5.61%。如果你期望的投资回报率或者用于投资的资金成本高于 5.61%，那么这个项目对你而言就不具备投资价值。

再说明一次，你所期望的投资回报率，就是你进行投资的机会成本。如果你有其他投资机会，你应该评估这些潜在投资机会的回报率，以此来确定你的期望回报率。如果你的投资资金是通过融资获得的，那么你应该至少将融资利率作为你的期望回报率，因为如果项目收益连融资利率都达不到，那么使用融资来投资这个项目就是一笔不划算的买卖了。

一般而言，在评价项目投资价值时，内部收益率与净现值两个指标得出的结论是一致的。如果测算出的项目净现值大于零，那么其内部收益率也会高于期望回报率或折现率，反之亦然。

但要注意的是，内部收益率指标有其内在缺陷。与净现值属于绝对值指标不同的是，内部收益率是一个百分比指标，它的一个问题就是不区分收入和支出的方向，以至于如果有两个现金流方向完全相反的项目，它们的内部收益率结果是相同的，我们来举一个简单的例子。

假设有这样一个项目，该项目现在需要投入 100 元，一年后我们会收回 150 元。经简单计算就可得出，该项目的内部收益率为 50%，可以说这是收益率非常高的一个项目。再假设有另一个项目，该项目的收入和支出方向与第一个项目正好相反，即现在你会先收到 100 元，一年后需要支出 150 元。请问这个项目的内部收益率是多少？

经过计算，你会发现第二个项目的内部收益率也是 50%。但如果你就此认为这也是一个高收益率的好项目，那很显然你会犯大错。请仔细分析一下这个项目，这到底是个什么样的项目？今天收到 100 元，一年后就要支出 150 元——这难道不是一项利息率高达 50% 的融资吗？

这个例子提示我们，在使用内部收益率指标时，不要单纯参考指标结果本身，要理解该指标的内在特性及其固有的局限性。总体来说，我们还是应该更多参考净现值指标来评价项目投资价值。上面例子中的两个项目，我们如果使用净现值指标来测算，就可以得出一个一目了然的结果。

当然，无论是净现值还是内部收益率，这些指标的计算都只是给投资决策提供一个参考，而不能代表最终的投资决定。因为投资决策是一件非常复杂的事情，除了财务维度的考量，决策者还应当结合其他各方面因素，综合判断并做出决定。

比如，企业计划投资一项新业务，虽然财务测算结果显示业务短期内盈利水平不佳，甚至存在亏损可能，但鉴于新业务发展初期特性、与现有业务协同性、快速占领市场等考虑，企业仍可以接受战略性或暂时性亏损。

再如，有时投资的溢出效应也需要留意。所谓溢出效应，是指一项投资可能会对企业其他业务产生连带影响。尽管投资某项新业务可以给企业带来收益，但同时可能对原有业务带来一定负面冲击，此时就需要综合新老业务一并考虑，才能做出全面合理的决策。

除了净现值和内部收益率，我们在进行项目投资决策时，还可以结合其他与现金流排布相关的指标进行评估，如投入资金峰值和投资回收期等。投入资金峰值涉及企业资金实力和融资需求问题，投资回收期则涉及投资效率和资金安全问题，它们也是投资决策中的重要考虑因素。这些指标我们在第 3 章已经介绍过，不再赘述。

> 评价一个项目投资价值时，我们不能只看收益金额，
>
> 还要关注实现收益的时间，考虑时间价值的影响。

实战：如何做固定资产购置方式的决策

假如你的公司正计划购置一套新设备，该套设备的市场价格为 1000 万元。公司的资金并不宽裕，如果直接购置，可能需要向银行贷款。现有一家融资租赁公司向你公司提出合作意向，即融资租赁公司负责购置该套设备并租赁给你公司使用，条件是你公司每年需要向其支付租金 230 万元，连续支付 5 年后，该设备无偿归你公司所有。那么你是否接受与该融资租赁公司合作？这个问题应该如何考虑？

这是一个关于固定资产购置方式的决策问题，其本质就是比较不同购置方式下的资金成本。具体来说，我们需要确定融资租赁方案下的实际利率，并与直接购置方案的资金成本进行比较，选择资金成本较低的方案。

关于确定融资租赁方案的实际利率，一个常见的错误思路是：既然每年支付租金230万元，连续支付5年，且到期后无偿拥有设备所有权，那么为获得该设备付出的总价格就是1150万元（230万元/年×5年），较直接购置价格多出的150万元相当于融资利息，因此融资租赁方案下的实际利率就是3%，即150万元÷1000万元÷5年×100%。

为什么说这个思路是错误的呢？当我们说一项融资的利率是3%时，是指以每年支付本金的3%作为利息，到期一次性归还本金。而在上述融资租赁方案下，很明显企业并非按照这个方式支付融资本息，而是每年支付一个固定的租金金额。

实际上，在融资租赁方案下，企业每年支付的租金金额中，既包含了利息，也包含了部分本金，相当于每年的本金金额都在减少。那么，该如何确定这种方案下的实际利率呢？这其实是一个给定现金流排布，倒求内部收益率的过程，该方案下的现金流排布情况如表9-5所示。

表9-5　融资租赁方案下的现金流排布情况

单位：万元

	现在	第一年	第二年	第三年	第四年	第五年
现金流入或支出	1000	−230	−230	−230	−230	−230

在融资租赁方案下，企业现在就可以获得设备，相当于实现了1000万元现金流入，后面五年则是逐步归还融资本息的过程。

经过计算，该现金流排布对应的内部收益率为 4.85%，这也是该融资租赁方案下的实际利率。那么如果企业从银行贷款的资金成本低于 4.85%，该融资租赁方案就不具有吸引力；相反，如果银行贷款利率高于 4.85%，企业就适合采用融资租赁方案。

> 在投资决策中，时间考量有时甚至高于收益考量，
> 因为你必须考虑投资效率和资金安全问题。
>
> 将时间维度纳入决策考量，你的决策结果会更为合理。

本章总结

第一，时间之所以会带来价值，是因为未来存在不确定性；时间价值的本质，就是时间对企业承担不确定性的补偿。资金的时间价值和内在价值是两个不同的价值维度。利息是典型的资金时间价值的表现形式。

第二，资金时间价值与时间长度和折现率密切相关。时间越长、折现率越高，资金时间价值的影响就越大。折现率代表的是一项投资的期望回报率，也就是投资的机会成本。未来越不确定，期望回报率或折现率就越高。

第三，企业在评估项目投资价值时，需要考虑时间价值的影响。净现值和内部收益率都是在考虑时间价值基础上衡量项目投资价值的指标。只有项目净现值大于零，或者内部收益率超过期望回报率，项目才具备财务上的投资价值。

第四，企业在决定是否采用融资租赁方式购置固定资产时，应当根据具体租金支付方式确定融资租赁的实际利率，并与其他融资渠道利率对比，选择资金成本较低的方案。

思考题

你的企业在进行投资时是否考虑了资金时间价值？如果有，时间维度的考量如何影响了你的投资决策？

第 10 章

企业经营十大财务思维

风险防范思维:
如何应对投资中的不确定性

风险，是一个令人敬畏的概念，它也许可以让一切繁荣与辉煌在瞬间灰飞烟灭。
商业世界中大量的失败案例，都在一次次给我们敲响着警钟。企业管理者如果风
险意识淡薄，不懂得如何识别与防范风险，将企业置于巨大风险之下却不自知，
则无异于闭着眼睛过马路，后果可想而知。

企业最大的成本是决策失误，决策最重要的一步就是风险防范。让企业尽量远离
风险，实现安全稳健发展，是企业管理者最重要的职责，没有之一。管理者应当
时刻把防范风险放在首要位置。

前面几章我们已经谈到不少跟风险相关的内容，比如资金周转失灵、杠杆运用不
当等。本章我们要讨论的风险更侧重于投资风险。投资是企业开展经营活动的基
础，投资一旦出现失误，将给企业经营带来重大不利影响，严重情况下甚至可能
导致企业破产 / 倒闭。

如何识别投资风险？什么是防范投资风险的正确方式？如何有效应对投资中的不
确定性？为什么学习失败案例非常有意义？本章我们就来探讨这些问题。

如何识别投资中的极端风险

这些年由于工作的原因，我接触了大量企业家及高管，在跟他们交流的过程中，我经常听到这样的说法："我要是早点学习财务思维，早点具备风险意识就好了，我的企业也不至于遇到这么多问题，走这么多弯路。"在进一步交流后我发现，这些企业家当初在进行重大决策时，经常意识不到风险的存在，过后才追悔莫及。

对于风险这件事，大部分人都认为自己了解风险，懂得如何防范风险。不过事实证明，我们常常高估自己的能力，很多时候我们甚至意识不到风险的存在。如果根本意识不到风险，又谈何防范风险呢？

风险防范思维的第一要求，就是意识到风险的存在。投资大师巴菲特曾说："最大的风险，就是不知道风险在哪里。"因此，我们首先要具备识别风险的能力。只要能识别风险的存在，你也就在很大程度上远离了风险。

在投资过程中，如何识别风险，尤其是那些重大风险呢？先来看三个"投资"场景，它们都不是普通意义上的投资行为。看完之后你可以想一想，为什么我们将它们比作投资，以及它们存在什么样的风险。

场景一：你在野外徒步过程中被一条大河挡住了去路。对于这条河，你只有一条信息：河水平均深度为 1.4 米。你的身高是 1.8 米，你不会游泳，因此要想过河只能蹚水过去。基于这些信息，你是否决定渡过这条河？

场景二：在一个偶然的机会下，你中了大奖，得到去某个神秘地方免费旅行的机会。关于这个地方的信息只有一条：这里每天的平均气温是 22 摄氏度。要知道这是一个非常宜人的温度，那么根据这条信息，你是否决定去这个地方旅行？

场景三：这是一个非常特别的游戏，轮盘赌。给你一把转轮手枪，上有六个轮孔，只有一个轮孔中装了子弹，不过你并不知道是哪个轮孔中装了子弹。现在，让你用这把手枪朝自己头部开一枪，无论结果如何，你都会得到 1000 万美元（约 7225 万元）的奖励。请问这个游戏你要不要玩？

之所以把这三个场景比作投资，是因为它们都具备两个基本特征：一是你会获得一定的收益，二是在获得收益过程中要承担一定的风险。有收益又伴随风险，这不正是投资的特性吗？

在往下看之前，我建议你好好思考一下上面这三个场景中涉及的决策问题。你会做出什么决定？你的理由又是什么？

接下来，让我们来逐一分析。之后，你可以看看这三个场景之间有什么更具体的共同点。

在第一个场景中，你只知道河水的平均深度是 1.4 米，虽然低于你的身高 1.8 米，但你能就此做出可以过河的决定吗？这里的关键问题是，没有人告诉你河底是平坦的还是崎岖不平的。由于你并不清楚河水最深处有多深，所以你无法确保最深处不会超过你的身高，从而淹没你。

也就是说，在这个场景中，平均深度这个数据其实没什么意义。最重要的是，你要知道最深的地方有多深，因为这个数据直接决定你的生死。

再来看第二个场景。尽管你知道这个地方一天的平均气温是 22 摄氏度，但题目并没有告诉你气温在一天内的高低分布情况。想象一个极端情形：有没有可能这个地方白天最高温度达到 60 摄氏度，而夜里最低温度冷到零下 20 摄氏度呢？如果真是这样，你可以想象在那里待上一天是个什么情景。

同第一个场景类似，只看平均气温数据没有意义，因为气温的高低波动对你有着很大影响，气温的极端值甚至有可能对你的生存造成威胁。这告诉我们，对于某个结果而言，在波动幅度很大的情况下，只看平均值是远远不够的，波动幅度才是对我们决策更有用的信息。

对于第三个场景，六个轮孔中只有一发子弹，意味着你中弹的概率只有六分之一。这个概率看似不高，而且如果计算游戏的收益预期值或平均值，你会得到 833 万美元的奖励，这貌似是一个很诱人的结果。但问题是，一旦遭遇那六分之一的可能性，你必然会丢掉性命，这个结果对你来说当然是无法承受的。

所以，这里讨论的不是收益的预期值或平均值有多高的问题，而是一旦遭遇那个致命后果，任何收益都将在瞬间失去意义。

你应该已经发现了，这三个场景的共同点是它们都隐含极端风险。所谓极端风险，就是那种一旦出现就会带来严重甚至致命性打击的风险。对于上面三个场景，既然有可能出现的糟糕后果都是你无法承受的，那么你必须对它们都说不！

这给了我们两点启示：第一，对于一项投资而言，只看收益预期值或平均值是远远不够的，收益的波动程度才代表真正的风险情况；第二，如果这种波动可能带来的后果是你无法承受的，那么无论收益的预期值有多高，你都不应该去碰。

让我们再举一个场景来说明这个道理。假如你的朋友向你推荐了一款理财产品，告诉你这款产品的预期年化收益率为 20%，那么你是否会选择投资呢？如果你是一个理性的投资者，你不能只根据这个预期收益水平就轻易下结论，你必须了解清楚收益的波动情况。

假如这款产品的收益率最高为 30%，最低为 10%，那么这可以说是一款比较不错的产品，因为它的风险可控，有最低收益保障，你可以考虑投资。但如果告诉你，这款产品的收益率最高可达 60%，最低则可能亏损 20%，那么这时你就需要警惕了：如果你是一个绝对不能接受任何亏损的投资者，那么你一定不要碰这个产品，即使它的收益率上限更高、更诱人。

可以看到，同样是 20% 的预期收益水平，两种情形下的收益波动程度明显不同，导致其风险程度也不同。后一种情形收益的波动性更大，因此风险也更高。

这也是为什么我一再强调不要加杠杆炒股。加杠杆炒股改变的不是收益的预期值，而是收益的波动程度，而一旦遭遇向下的波动，你将很容易陷入极端风险。比如正常情况下，股票价格一天内涨跌幅最多是 10%，但如果你加了一倍杠杆炒股，那么你的收益涨跌幅就会变成 20%。杠杆力度越大，收益波动幅度也会越大。

这提醒我们，在企业投资过程中，测算投资收益时一定不要只看收益的预期值，而应当做好波动性测试，也就是找到那些对收益结果有关键影响的因素，对这些因素可能发生的变化，以及对收益结果带来的影响进行合理预估。尤其要充分预估可能发生的不利结果，并认真评估自己能否承受这种结果；如果结果无法承受，那么这样的项目便不值得投资，哪怕它的潜在收益很诱人。

其实这个道理不仅仅适用于投资，我们做任何事情都是如此：如果一件事情可能带来的后果是你无法承受的，那么无论这件事情的潜在利益有多大，你都不应该碰。

如果你知道你在醉酒后有可能做出令你追悔莫及的行为，那么你就不应该醉酒，即使你认为维系友情很重要；如果你知道在公路上超速驾驶有可能导致车毁人亡，那么你就不应该超速驾驶，即使这会让你更快速到达目的地，也会让你体验超速驾驶的刺激感；如果你知道徒手攀岩一旦失手就会让你粉身碎骨，那么你就不应该去徒手攀岩，尽管成功登顶的那种成就感令你向往。

请记住，如果以 250 千米每小时的速度在大街上飙车，那么也许你哪儿都去不了。

企业最大的成本是决策失误，决策最重要的一步是风险防范。

为什么不要把鸡蛋全部放到一个篮子里

远离极端风险的另一个策略，就是不要把鸡蛋全部放到一个篮子里。这当然是一个比喻，对于投资而言，就是指不要把投资全部集中于一个或一类项目，尤其是高风险项目。

在你的投资组合中，你一定要控制高风险投资占总投资的比重。所谓高风险投资，是指那些收益波动性大，存在较大不确定性，甚至包含极端风险的投资。如果这类投资占比太高，那么一旦出现问题，必然给你带来重大打击。

那么高风险投资比重多高算合适呢？有人可能觉得不超过一半就可以，但我的建议是不要高于20%。这样做的理由是，即便你的高风险投资出现极端不利结果，比如大幅度亏损甚至全部亏损，但由于其他大部分投资仍处于安全领域，因此总体上你不会遇见致命性打击。也就是说，这样的投资组合让你在整体上具备了较强的抗打击能力。

相反，如果你大量投资于高风险项目，甚至把几乎全部资源押注到单一项目上，比如孤注一掷地投资某只股票，那么一旦遭遇"黑天鹅"事件，你将直接陷入绝境。

"不把鸡蛋全部放到一个篮子里"这条策略还给了我们一个启示，那就是做投资一定不要押上全部筹码。押上全部的做法虽然可能让你获得很高收益，但也可能让你全军覆没。你可能觉得这个道理显而易见，但如果情形稍微复杂一点，你就不一定意识到了。我们来设想一个股票投资的情形。

假设有一只股票，它的价格在每天上涨或下跌的概率都是50%，这意味着在一段时期内，有一半的时间股价是上涨的，一半时间股价是下跌的。如果股价上涨，你可以获得50%的收益；而如果下跌，你会损失40%。

从直觉上看，这项投资是个划算的买卖，因为收益和亏损并不对称，上涨带来的收益要高于下跌带来的亏损。如果用计算数学期望的方法，我们可以知道这项投资的预期收益率为5%。确实，如果你长期持续投资该股票，比如每天早上开盘时买入1万元，在下午收盘前卖出，每日如此操作的话，由于上涨和下跌的概率是相等的，那么长期来看你的收益率就是5%。

请注意，这里的前提是你每日都将当日收益或亏损变现，因此并不影响第二天的投资。但在现实生活中，大多数人并不是这么操作的，更可能的做法是将第一天的本金和收益全部作为本金投入第二天，本质就是全部押上。这样做的结果是什么呢？我们可以简单计算一下。

还是拿1万元本金举例。由于股价上涨和下跌的概率相同，那么我们假设股价第一天上涨，第二天下跌。

- 第一天结束时，投资市值变成 1 × （1+50%）=1.5 万元；
- 第二天结束时，投资市值变成 1.5 × （1-40%）=0.9 万元。

看到了吗，两天时间，你的投资已经从本金 1 万元跌到了 0.9 万元，也就是跌去了 10%！之所以出现这个结果，是因为第二天下跌的基数已经不再是最初的 1 万元本金，而是前一天的本金加收益共 1.5 万元。可以想见，按照这个发展趋势，你的投资市值会越来越少，最终会变为零！

这个例子说明，即便一个投资项目的预期收益率看起来不错，但如果你的投资方式或策略有问题，结果也是灾难性的。

理论上，只有在一种情况下你才可以押上全部资金，那就是成功的概率是百分之百，即稳赚不赔。但现实中并不存在百分之百成功的机会，每一项投资都存在不确定性。这是世界的底色，是我们在进行投资时必须认清的事实。

我们还讲过，无论是企业还是家庭，都应该保留一定的现金储备，背后的道理是一样的。你不能把全部现金都拿去投资，即便投资的预期收益很有诱惑力。我还听说有人甚至抵押或卖掉房子去创业或投资，这在我看来是不可取的。无论创业或投资的美好前景看起来多么诱人，你都不应该押上房子，因为房子是你和家人最基本的生活保障，而一旦投资失误，你将落入十分被动的局面。如果你无法接受这样的生活，那么你就不应该那么做。

总之，我们在投资时一定要注意分散风险，从而让自己远离极端风险。要永远保留东山再起的机会，投资的一条铁律就是"活着，不要出局"。

> 对于一项投资而言，只看收益预期值或平均值是远远不够的，
> 收益的波动程度才代表真正的风险情况。

如何运用期权策略驾驭不确定性

前面我们说的风险防范策略，都属于被动型规避策略。不过并非所有风险都能被事先完整地识别到，无论如何排除风险，我们的投资依然可能存在较大不确定性。那么我们是否可以变被动为主动，设法驾驭这种不确定性呢？如果我们不再惧怕不确定性，而是欢迎和拥抱不确定性，那会是一种什么样的局面呢？

来看看一位古老哲学家的故事能给我们带来什么启发。

泰勒斯是比苏格拉底还早的古希腊数学家与哲学家，他生活在商业曾经很发达的贸易港口米利都，位于现在的土耳其境内。当时那里从商的有钱人众多，身为哲学家的泰勒斯却囊中羞涩。

有一次，一个商人讽刺泰勒斯说："有能力的人都去从商，没能力的人就研究哲学。"

泰勒斯虽然不屑，但内心也受不了这样的刺激，于是他做出了一个大胆的举动。

米利都这个地方的一项传统产业就是榨橄榄油。但那一年，米利都的气候很不利于橄榄生长，橄榄歉收致使当地的榨油商家生意很不景气。商家们无心经营，都愿意以很低的价格出租榨油机。泰勒斯于是付了很少的定金，就把城里大部分榨油机租了下来。

第二年，奇迹出现了，米利都的气候变得非常有利于橄榄生长。橄榄大丰收，泰勒斯的榨油业务非常红火。在大赚一笔并证明了自己之后，泰勒斯退出商业，重新回到自己的哲学世界。

有人认为，泰勒斯的成功得益于他拥有丰富的天文学和气象学知识，从而准确预测出了来年的气候。但他们忽略了真正的原因，那就是泰勒斯的生意实际上运用了一个非常有效的策略：期权策略。这个策略让泰勒斯即使不用准确预测来年气候，也有机会赚到大钱。

其中的道理不难理解：泰勒斯花费了很少的代价就获得了榨油机的使用权，这使他的最大损失被锁定在一个非常有限的水平。在这个基础上，如果来年是个丰收年，那么他的潜在收益就会非常可观；而如果来年没有丰收，他最多也只是损失一点定金而已。这种收益和损失的极度不对称性，正是成就泰勒斯这桩生意的关键，这就是期权背后的智慧。

期权是产生自金融市场的一个概念，它的英文是 option，我觉得翻译成"可选择权"更好，简单理解就是对未来的某项权利。比如股票期权，就是我们以某个约定价格，在未来某个时点买入或卖出股票的权利。

假设某只股票当前价格是 100 元，如果我十分看好这只股票，认为它很可能在三个月后涨到 110 元以上，那么我就可以买入这只股票的看涨期权，获得在三个月后以每股 110 元价格买入这只股票的权利。如果到时股价真的涨到了 110 元以上，比如 120 元，那么我就可以行使权利，以 110 元的约定价格买入股票，从而获得 10 元收益；而如果股价没有超过 110 元，我就什么也不用做。

期权的本质是一种可选择性，也就是拥有权利，却不用承担义务。这是一种有利的可选择权，你完全可以根据情况来决定是否行使你的权利。

这决定了期权带来的潜在收益可以很高并且没有上限，而损失却很小并且有下限。这让拥有期权的人获得了一种底气，他根本不需要对未来做出准确预测，将潜在损失锁定在一个可接受的、非常有限的水平即可。期权的这种不对称特性如图 10-1 所示。

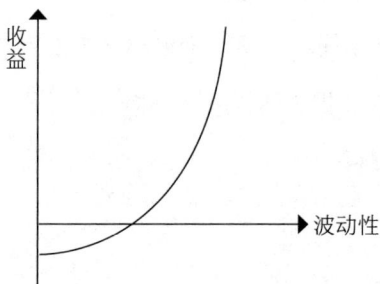

图 10-1　期权的不对称特性：损失有限，收益无限

期权策略能成全哲学家，也可以帮助我们做出更好的投资决策。在投资过程中，期权策略可以让我们在有效防范底部风险基础上，充分享受投资的潜在收益。一个非常有代表性的例子就是风险投资，也就是我们常说的"风投"或者 VC（Venture Capital）。

"风险投资"这个说法可能让我们对风投的投资策略产生误解。很多人认为，风投做的当然就是有风险的投资，无风险不投资，不冒险就不会有收益。但实际上，风投的投资策略恰恰不是在冒险，而是很好地掌握对风险的主动权，从而大大降低投资风险。

此话怎讲？我们来看看风投的投资策略有哪些特点。

第一，多项目分散投资。风投会在特定的赛道或领域中寻找多个投资对象，而不会只投一家企业，不会把鸡蛋全部放进一个篮子里。这样一来，即便几个投资项目失败了，只要少数项目获得成功，也能带来非常可观的收益，完全可以弥补失败项目的亏损。

第二，分期投资。无论对哪个投资项目，风投一开始的投资额都是非常有限的，投资节奏都是遵循"走一步看一步"原则，不会一次性进行大规模投资。只有对那些随着时间推移表现出较好成长性的公司，风投才会继续追加投资；而对那些没有成功希望的公司，风投会及时止损。

第三，设置对赌条款。在风投与被投资企业签订的投资协议中，往往存在对赌条款。如果被投资企业没有实现某个特定目标，比如约定的收入或利润水平、在某个时点之前实现 IPO 上市等，被投资企业创始人或原股东就需要给风投一定的补偿，以保障风投的收益。有的风投还会要求，在退出时至少获得按某个利率水平计算出来的利息作为保底收益。

可以看出，无论是多项目分散投资、分期投资还是设置对赌条款，风投采取的投资策略都具有明显的期权特征，也就是"代价有限，收益无限"。这是一种非常有效的避险策略。

很多人听过"高收益高风险"或者"收益风险成正比"这样的说法，而期权策略在一定程度上改变了这个逻辑。它让我们看到，获得高收益不必然等于承担高风险，二者完全可以存在不对称性。

期权策略给我们的启示是：投资的第一步，就是把遭遇极端风险的概率降到最低；在防范住底部风险基础上，再博取尽可能高的收益。如果你运用了期权策略，那么你可以不用担心不确定性带来的波动，因为有利的波动会给你带来收益，而不利的波动却对你几乎没有影响。你不但不担心波动，你甚至会期待波动。

风险是难以预测的，尤其是黑天鹅式的风险。与其预测风险，不如建立起有效的风险应对机制。没有预测到地震不是我们的问题，但如果房子地基没有打牢，那就是我们自己的问题了。

> 如果一件事情可能带来的后果是你无法承受的，
>
> 那么无论这件事情的潜在利益有多大，你都不应该碰。

为什么真正的成功并非来自冒险

我们以前会听到一些说法，像什么"舍不得孩子套不住狼""明知山有虎，偏向虎山行"，在我看来，这些说法存在极大的误导性。有人觉得敢于冒险是一件很酷的事情，是一个人勇敢的表现，但你要认真想想，这样的冒险可能带来的后果会是什么，以及这样的后果你真的能承受吗？

事实上，如果冒险行为涉及极端风险，你还坚持这么做，那这样的行为根本不是勇敢，而是鲁莽！如果要付出如此大的代价才能换来成功，那这样的成功我们宁愿不要。

一些著名企业家从商数十年，穿越多个经济周期和数次金融危机，却几乎未曾遭遇失败。取得这样的成就，正是他们对风险防范极度重视的结果。

对于任何投资，他们在投资前都会先预设失败的可能，提前做好充分的风险应对。他们对投资项目的现金流和负债率指标尤为看重，因为他们很清楚这是极易给投资带来风险的两个方面。只要这两项指标中有一个满足不了安全底线要求，他们便会果断放弃这个项目。无论从事什么行业，成功企业家们都是在积累了相当成熟的经验或是跟踪研究了很长时间后，在非常安全的条件下才做出投资决定，可以说几乎不会冒险。

相比之下，一些自诩有冒险精神，声称不冒险就不会有收获的人，往往在取得一点成就或者赚了一笔收益之后，就开始大谈特谈冒险对成功的作用。殊不知，他的成就很可能只来自偶然的运气，重复冒险行为必然在某一天带来沉重的打击。

这个道理用一个简单的例子就可以说明。假如有一个小偷，每次偷盗得手的概率都可以达到90%。如果这个小偷在成功得手一次后就暗自欢喜，于是重复这样的行为，那么他在10次偷盗中至少被逮住一次的概率将达到65%；而如果偷盗20次，那么被逮住的概率将高达88%！所以我们可以合理推测，尽管单次被逮住的概率不高，但如果他持续这么做，被逮住是迟早的事。

事实上，真正成功的人不是因为敢于冒险才获得成功，而恰恰是因为他们懂得如何避险。在有效防范风险基础上获得的成功，才是真正可持续的成功。

在企业经营和投资过程中，企业管理者要努力识别各类潜在风险，并采取有效措施防范它们。现实中有太多遭遇失败的企业，究其失败原因，就是企业管理者不具备风险思维：他们要么风险意识淡薄，根本看不到风险的存在；要么错误认知风险，认为要想获得成功就必然要冒风险。如果这些企业管理者能在企业发展早期就具备较强的风险意识，或许就不会轻易遭遇失败。

我常说，如果把经营企业比作建造一幢摩天大楼，那么你首先需要做的，不是想着把最高层打造成多么高档豪华的旋转餐厅，而是确保大楼的地基打得足够牢、足够深。

> 没有预测到地震不是我们的问题，但如果房子地基没有打牢，
>
> 那就是我们自己的问题了。

为什么失败案例比成功案例更有研究价值

在我的课堂上，我经常给企业家们讲一些失败公司的案例，以至于我的财务课在很大程度上成了一门讲失败和风险的课。也经常有学员跟我交流：为什么你讲的案例主要是失败案例，而不是成功案例呢？

被问到这个问题，完全在我的意料之中。每个人都向往成功，这没有问题；问题是，那些成功案例对我们获得成功的帮助到底有多大？

设想你问一个成功的创业者，他成功的秘诀是什么，他会说些什么呢？多数情况下，你得到的答案无非是类似于"工作要努力勤奋""要坚持不懈有毅力"这些描述个人特质的说法。但仔细想想，真的是这些特质给他们带来了成功吗？

当然，这些特质可能确实有利于成功，但它们最多只是成功的必要条件，而非充分条件。世界上具备这些特质的人很多，他们都成功了吗？成功者往往容易忽略外部或隐性因素，而这些因素可能对结果有着巨大影响，甚至是决定性影响。

实际上，促成成功结果的因素太多，以至于我们不可能全部了解，就连成功者本人也做不到。认知的局限性使得我们不可能完整列举出成功的全部因素。成功结果的背后隐藏着极为复杂的逻辑链条，它是天时地利人和共同发挥作用的结果。每一个成功都有其具体性和偶然性，都依赖特定的情境。想通过简单照搬他人的做法获得成功，基本上是不现实的。

相比而言，我们更容易了解是什么会导致失败，因为导致失败的因素不需要太多，有时一两个因素足矣。因此，对失败结果的归因要简单和清晰得多，我们不太容易陷入归因谬误。而分析失败案例的意义就在于，它可以让我们了解失败者曾经踩过的"雷"和掉入过的陷阱，从而避免重蹈覆辙。

从一个更高的视角，失败者的案例和故事非常有价值：作为系统中的个体，恰恰是他们的失败经历给其他人提供了经验教训，从而让整个系统变得更强大。比如，当某个新兴产业的先驱成为先烈，便让后来的创业者们的成功概率提高了一些，进而带来整个产业的进步和成熟。

这其实也正是大自然的进化逻辑：大自然通过淘汰掉那些不适合环境和生存能力低下的物种，让整个生态体系变得欣欣向荣。

那么作为个体的我们，应该怎么做才能让自身更好地生存呢？我的建议有两点。

首先，小的失败并不可怕，但你要努力让自己远离后果严重的失败，也就是要远离极端风险。这是通往成功的第一步，更是必不可少的一步。

其次，要从他人的失败经历中充分吸取经验教训。分析他们的案例，找出他们失败的原因，从而让自己避免犯同样的错误。

总之，学习失败案例恰恰可以帮助我们远离失败，它们是我们前行路上的宝贵财富。

当然，我不是说不要看成功的案例，关键在于怎么看。我的建议是，相比于成功者做了什么，你更应该学习的是他们坚持不做什么，这才更有参考价值。比如巴菲特的搭档查理·芒格（Charlie Munger）有句名言：如果我知道我会死在哪里，我将永远不去那里。

一句话，"不做什么"比"做什么"更重要。

> 我们不害怕风险，我们怕的是对风险的无视。
> 真正的成功绝非来自冒险，而是来自避险。

本章总结

第一，对于一项投资，只看收益预期值或平均值是不够的，收益的波动程度才代表了真正的风险情况。如果波动可能产生的后果是你无法承受的，那么无论投资的预期收益有多高，你都不应该去碰。

第二，不要把鸡蛋全部放到一个篮子里。在投资组合中，一定要控制高风险投资比重，远离高风险投资遭遇不利后果带来的致命性打击，要时刻保留东山再起的机会。

第三，期权的本质是一种可选择权，一种有利的不对称性。面对投资中的不确定性，期权策略可以帮你在防范住底部风险的基础上，博取尽可能多的潜在收益，这是一种非常有效的风险应对策略。

第四，避免失败是走向成功的第一步，也是最重要的一步。从失败案例中学习很有价值，它可以帮助我们更好地避免失败。"不做什么"比"做什么"更重要。

思考题

1. 你的企业在经营和投资过程中是否考虑了风险？你是如何识别与防范风险的？

2. 你的身边是否有企业经营失败的案例？你能从这些失败案例中学到什么？

盲点与"盲维"

在汽车发明之前，如果你问人们他们需要什么，人们会回答"一匹跑得飞快的马"；如果你问他们想要做什么，他们则会说"更快速地到达目的地"。

你可能觉得好笑，那是因为你生活在一个汽车司空见惯的环境中。换作其他情境，我们每个人可能都在做着类似的回答，以至于几十年几百年后的人在回看今天的我们时，可能也忍俊不禁。

这里面隐含着一个道理：对于那些处在你的认知边界之外的事物，你是不可能提及它们的。如果汽车根本没有出现在人们的意识中，你怎么可能指望他们说需要一辆汽车呢？如果一个人从来没听说"大象"这个概念，他又怎么可能说出"我喜欢大象"这样的话呢？

苹果公司创始人乔布斯不太相信权威市场调研报告。在他看来，市场调研所能得到的信息，无非都是客户能想到的东西，而大量处于他们认知边界之外的信息，是不可能通过调研获取到的。

乔布斯直接把他的智能手机产品推给客户，结果客户惊呼"世界上竟然还有这样高级的产品，而且我居然需要它！"乔布斯的理念是，人们也许不知道自己需要什么，直到你把它摆在他们面前。真正的创新，不是满足已知的需求，而是发掘甚至创造未知的需求！

在我刚开始做培训工作时，我也曾数次向学员发放课前调研问卷，以便了解他们的需求。但几次调研下来我发现，学员们提到的需求往往都是非常具体和基本的；而对于那些我认为更高级也更重要的需求，他们几乎没有提到过。

有一次我突然明白，他们没有提出这些需求，原因不是他们没有需求，而是根本没有意识到这些需求的存在。果然，当我将这些更重要也更有价值的内容传授给他们时，他们也惊讶地说："原来这些内容对我更有用。""原来我还需要学习这些！"

我们都知道"盲点"这个词，著名学者吴伯凡老师提出过一个与之相对应的概念：盲维。盲点和盲维的背后都是那些你不知道的东西，不同的是，盲点仅指你在某个领域内的知识欠缺，而盲维是指你完全忽略了从某个维度考虑。

盲点其实并不可怕，因为你容易意识到自己的知识欠缺，从而有意识地去弥补；而盲维是比较可怕的，因为你根本没有意识到你忽略了某个重要维度，它完全处于你的认知边界外。如果连意识都谈不上，又谈何弥补呢？

盲点是你知道自己不知道，是"已知的未知"；而盲维是你不知道自己不知道，是"未知的未知"。

很多影视剧中有类似这样的情节：一个小偷潜入一间房子中偷窃，突然听到房子主人从外边回来的脚步声，小偷赶忙躲起来。主人推开门后发现房间有些异常，怀疑房间里面进了小偷，于是开始到处搜寻，但找遍了房间每个角落，却什么也没有找到。

一般人看到这里也会感觉奇怪：小偷去哪里了呢？此时，镜头向上一摇，对准了房间天花板，原来小偷正手脚并用地贴在天花板上。

难怪主人找不到小偷，他只在一个二维平面中搜寻，却忽略了房间还有高度这个维度！这就是典型的盲维，也就是没有意识到另一个维度的存在。当一个人的思维中出现了盲维，他再怎么努力也无济于事。

认识到这一点后，我明白了我作为一名培训师的职责：不仅仅是弥补学员知识上的盲点，更重要的是弥补他们思考中的盲维；不是简单地给他们灌输多少知识或信息，而是赋予他们更多观察事物的角度和思考问题的维度。

认知的差距不在于掌握知识量的多少，更在于思考维度的高低。真正的学习不是知识和信息的囤积，而是思维模式的进阶，是意识格局的扩展。

这也是为什么我会写一本关于财务思维的书。我的读者和学员主要是企业管理者，我要尽最大努力让他们获得更多的思考维度，从更丰富的视角洞察企业经营，做出更好的决策。

***

到现在为止，我已经将十大财务思维完整地介绍给你了，它们是我从多年工作实践和心得感悟中提炼出来的精华。与其说这是一本讲财务的书，不如说这是一本讲经营的书。我没有讲太多财务专业技术，而是希望帮你从财务这个维度看待企业经营与决策。

顺便说一句，不知道你有没有发现，十大财务思维中，几乎每个财务思维都包含与风险相关的内容，以至于我有时将这本书定位为一本"企业经营避坑指南"。实际上，我对风险这件事的"痴迷"来自纳西姆·塔勒布（Nassim Taleb），他是研究风险和不确定性的大师，也是《反脆弱》《黑天鹅》等经典书的作者。他的思想给了我很大启发，让我对风险有了更深刻的认知。我意识到这个世界上风险无处不在，生存其实是件非常不容易的事，因此我希望无论是在经营企业还是个人生活中，我们每个人都能对风险保持敬畏。

现在你已经读完了这本书，我更希望你能把财务思维很好地运用到企业经营实践中。先贤孔子曰"学而时习之"，读书也好、听课也罢，本身都只是"学"的动作；只有在长期不断的实践，也就是在"习"的过程中，你所学到的知识才会逐渐内化到你的心里，你才会对这些知识理解得更深刻，做出更好的行动，这也正体现了知行合一的精神内涵。

感谢阅读本书。如果你觉得这本书对你有什么帮助，不妨将它分享和推荐给你身边的人吧！

最后，跟大家分享一下我的座右铭：生命不息，成长不止。

让我们永远前进，在更高处相见！